行之有效的正面管教

（修订版）

主编：甄颖

培养自律体谅拥有
强大内心的孩子

SPM 南方出版传媒

全国优秀出版社　全国百佳图书出版单位　广东教育出版社

·广州·

图书在版编目（CIP）数据

行之有效的正面管教 / 甄颖主编 . —修订版 . —广
州：广东教育出版社，2019.3
ISBN 978-7-5548-2409-2

Ⅰ.①行… Ⅱ.①甄… Ⅲ.①家庭教育 Ⅳ.①G78

中国版本图书馆CIP数据核字（2018）第180067号

责任编辑：林玉洁
责任技编：涂晓东
插　　图：甄小美
装帧设计：邓君豪
封面设计：罗　深

行之有效的正面管教（修订版）
XINGZHI YOUXIAO DE ZHENGMIAN GUANJIAO（XIUDING BAN）

广 东 教 育 出 版 社 出 版 发 行
（广州市环市东路472号12−15楼）
邮政编码：510075
网址：http：// www.gjs.cn
广东新华发行集团股份有限公司经销
广州市一丰印刷有限公司印刷
（广州市增城区新塘镇民营西一路5号）
890毫米×1240毫米　32开本　8.5印张　170 000字
2019年3月第1版　2019年3月第1次印刷
ISBN 978-7-5548-2409-2
定价：38.00元
质量监督电话：020-87613102　邮箱：gjs-quality@gdpg.com.cn
购书咨询电话：020-87615809

甄颖

一天早上，一个男人在海边散步时，看到一个小男孩不停地弯腰捡起什么东西，然后丢进海里。他问男孩："你在丢什么呢？"

"我正把被海水冲上沙滩的海星丢回海里。"

"为什么要把海星丢回海里？"

"因为太阳正在升起，海水将渐渐退去，若我不这么做，它们就会被晒死。"

听了男孩的话后，男人说："你看，海滩上有成千上万只海星，你这么做也没办法改变什么！"

男孩听完后，又捡起一只海星丢进海里："至少我改变了这一只的命运。"

劳伦·希思莉（Loren Sisley）的这个《海星丢捡者》故事家喻户晓。这个世界上，有无数像沙滩上的海星那样需要帮助的家长，无论是中国还是外国。

一位美国妈妈描述40多年前的经历："那时我有5个孩子，其中两个十几岁，我像今天的很多父母一样，被孩子养育问题弄得焦头烂额，不知道怎样才能让孩子们不再打架、能把玩具收起来、能做他们答应要做的家务……我的'锦囊妙计'包括威胁、吼叫和打。这些办法既令我厌恶，也让孩子们厌恶——而且不管用。"

后来，这位妈妈接触了阿尔弗雷德·阿德勒的"个体心理学"，阅读了鲁道夫·德雷克斯的《孩子：挑战》等书，"书上的方法居然真的有效。我让孩子们之间的争斗至少减少了80%，并且在完成家务上也得到了孩子们极大的合作！最重要的是，我感受到了做妈妈的快乐——大部分时候"。

一开始，这位妈妈纯粹基于热心开始给其他妈妈上课，分享自己的所学所获，她们只有十来个人；后来，她开始给更多的妈妈上课，而且为了方便大家学习分享，整理出版了一本书——《正面管教》。

这位妈妈就是正面管教共同创始人之一：简·尼尔森。

与此同时，在美国的弗吉尼亚州，另一位妈妈也在用类似的方式跟一群妈妈共同分享和学习健康的育儿方式。她们定期聚会，通过体验式学习、角色扮演、小组讨论、相互帮助等方式，一起改变自己，改善自己和孩子、家庭的关系，尤其是对青春期孩子的养育。她们还共同研发出"家长互助解决问题的14个步骤"，每个人都可以通过学习步骤成为"带领者"，帮助自己和其他人接受育儿挑战，进入孩子的世界，掌握更多实用的育儿方法。

这位妈妈就是正面管教的另一位共同创始人：琳·洛特。

我是国内点击量最高的育儿博客博主。7年前，我的中美混血女儿4岁。我阅读了很多中英文育儿书籍，我的养育方式受到很多家长的认可和效仿。但是当我4岁的女儿气哼哼地对我说"Mommy, you are not my boss! I have my own life!（妈妈，你不是我的老板！我有我的生活！）"时，我十分沮丧、无奈……

这时，我接触了"正面管教"，并开始学习。2011年生日那天，我收到了简·尼尔森和琳·洛特亲自颁发的"正面管教家长讲师"证书和亲笔邮件。2012年春天，我远赴芝加哥，参加了"正面管教学校讲师班"；当年年底，我又在圣何塞参加了"正面管教导师"培训。

现在我的女儿已经是一位青春期的少女，我成了她"最好的闺蜜之一"，我们无话不谈。我们常说的话是："这是我的想法，你的想法是什么？咱们一起头脑风暴，一起解决吧。"

正面管教不但让我和女儿之间的"权力之争"消失殆尽、让我们成为彼此的密友，还让我在这7年里收获了很多很多经历着同样沮丧、无奈的家长朋友，并让他们改善了与孩子的关系。

2013年5月，简·尼尔森第一次来到中国开展大型讲座。同一时间，《行之有效的正面管教》第一版上市。简·尼尔森在深圳举办大型讲座的当天，这本书现场销售，500本一售即空。5年间，这本书再版重印10次，成为当之无愧的育儿畅销书和长销书。

现在，我即将进入从事正面管教的第8个年头。除了这本《行之有效的正面管教》，我还主编和翻译了4本与正面管教相关的书籍：《孩子：挑战》《教师：挑战》《特殊需求孩子的正面管教》《婚姻：挑战》。我成为第一位在正面管教美国年会举办讲座的中国导师，第一位在中国香港举办英文讲师班的内地导师……我的团队中，家长、教师、学生、讲师学员已近4000人，遍布国内外几百个城市，远至奥地利、芝加哥等。一切工作都正规有序。

过去的7年里，国内的"正面管教"行业发展蓬勃，数千名讲师遍布国内几百个大大小小的城市。各种类型的家长课堂、学校课堂、学习小组、讲座、分享会、读书会等，百花齐放。简·尼尔森、琳·洛特和很多"正面管教"外国高级导师也成了中国的常客，他们把"正面管教"家长班、讲师班、讲座等带到了我们的家门口。我们知道：我们改变了许多家庭的命运。

感谢广东教育出版社再版这本书，感谢您阅读这本书。我想

3

告诉您：

您的育儿方式会因这本书而改变。您不仅是被这本书改变的一位"海星家长"，您还可以成为故事中的"小男孩"，成为一位"海星捡拾者"，您可以将从这本书里的所学所获分享给他人，哪怕只是一位家长、一位老师。

就像40多年前的简·尼尔森和琳·洛特，就像7年前的我，就像现在成千上万的"正面管教"家长，我们每个人都能成为至少改变一个人命运的"小男孩"。

让我们一起为孩子们创造更美好的未来！

谢谢您！

推荐序

"正面管教"改变了我的生活

简 · 尼尔森博士

　　我是简·尼尔森，美国"正面管教"体系的两位创始人之一。更重要也是更幸运的，我是7个孩子的妈妈，22个孩子的祖母和2个孩子的曾祖母。作为母亲，我经历了不少成功和失败，这些经历促使我将人生30多年投入在育儿事业上，希望能帮助其他父母。我很幸运，有一个非常出色的教育团队，我们共同努力，推动"正面管教"体系的发展和完善，这个革命性的体系，已经帮助了数以万计的家长和孩子，给他们的生活带来积极变化。

　　2010年起，"正面管教"在中国得到了一些家长及教育行业先锋者的接纳和喜爱，"正面管教"的影响在中国迅速扩大。据我所知，迄今为止中国已经有18个城市开展了"正面管教家长课堂"，已经有上千位家长从"正面管教家长课堂"毕业。Elly（甄颖）是中国第二位获得美国"正面管教"资质的家长讲师。2011年12月初，我收到Elly的答卷论文（Answer Sheet），我的心立刻被打动了。我从未见过这位妈妈，她住在一万二千多公里以外一个文化完全不同的国度里，但是，她"得到"了！她不仅熟练地掌握了"正面管教"工具，而且更深刻地理解了这个体系的核心内容和价值观。

甄颖和简·尼
尔森合影

　　从那以后，我和Elly的交往越来越频繁。2012年，我有幸邀
请到Elly来我加州的家中，我俩相处得十分愉快。她做出的一项
又一项成绩让我印象深刻，也深受鼓舞。Elly成功地通过"正面
管教"向很多感到困惑、面临育儿挑战的家长们，提供了行之有
效并且触动他们内心的解决方法。这本书中由18位妈妈分享的53
个故事，正是Elly为"正面管教"在中国发展做出的重要成绩。

　　中国新一代的家长面临着特殊的育儿挑战，爸爸妈妈和祖
父祖母们，对孩子投入更多的爱、关注和精力。然而新一代的父
母，尤其是妈妈们，常陷入两难的境地：既要顾及祖父母们的养
育方式，又要在和伴侣有不同意见时找到平衡，还要照顾孩子的
需要。除了家庭的养育压力，家长们还要努力为孩子提供一流
的教育和物质环境，这使得两代家长间容易为"给孩子提供最好
的"而产生矛盾。

　　当今新一代的父母知道：我们不喜欢传统的"旧方式"，我

们不想用命令、惩罚、强制顺从等方式来抚养孩子。然而，不这样做，我们要怎样做？尽管很多新理念、新方式看起来不错，但将这些全新的育儿方式付诸我们中国家长的日常生活，着实太不容易了。

我相信，你会很受鼓舞地知道：美国的家长们也为同样的情况纠结。我相信，拒绝旧方式、接纳新方式，是全世界存在的普遍经历。我们都想为自己的下一代和下下一代提供最好的，但也想清楚地知道具体怎么做。我们很多人小时候被家长吼过、打过屁股、惩罚过、命令过："照我说的做！"当我们成为父母，我们决定：不要用那样的方式养育孩子。但我们又有了新的困惑：不那样做，那要怎样做呢？

上大学时，我决定专攻"儿童发展和家庭关系"专业。很幸运，我的一位教授向我介绍了阿德勒和德雷克斯这两位大师。教授说："我们不是要学习很多不同人的理论，而是学习怎样将这两位伟大心理学家的理论，应用到日常生活中，从而让孩子学会自律、责任、合作和解决问题。"教授的话听起来很棒！我的实际学习却不容易，我经历了很多将理论转化为有效实践的困难，犯了不少错误。但我不断学习，学到了更多知识和经验。然后，我开始把我自己学到的教给别人。最后的成果，就是我的第一本书：《正面管教》。

30多年来，我在上百个地方，教过成千上万的家长。30多年的经历证明，"正面管教"能够帮助家长！这个体系为了帮助家长而设计，进而，家长可以帮助自己的孩子成为有责任感、懂得尊重、有能力解决问题的社会公民。这个体系关注接纳、认可、鼓励、个人内在力量的成长和价值观培养，通过很多行之有效的工具方法实现这些目标。这个体系能让身心俱疲的育儿过程转化为家长和孩子都放松、享受的美好过程。即使犯错，也没关系，错误是学习的好机会——这也是正面管教的核心理念之一。

当家长学会倾听，辨别接纳自己的情绪、安抚自己、有效沟通、暂停冷静、休息补充精力，以及用新方法解决问题，并得到良好的长期影响，那么不仅仅是孩子，每位家长及整个家庭都会受益。数不清有多少家长跟我说："正面管教改变了我的生活！" 我很荣幸并感恩，能帮助这么多家长促进生活的新发现、新改变。

我希望你喜欢这本书，享受这些由和你一样的普通家长们分享的故事。他们的亲身故事，能够鼓励我们自己、我们的家人和我们的孩子，接受改变。让我们一起打开眼睛、打开心灵，开始阅读吧！

"正面管教"体系创始人
婚姻、家庭和儿童心理咨询师
旧金山大学教育心理学博士

Jane Nelsen

Jane Nelsen, Ed.D, MFT

写于美国加利福尼亚州圣迭戈市

目 录

　　拥抱我们的孩子吧！不仅在幸福甜蜜时，和孩子拥抱；也要在我们生气、烦躁时，和孩子拥抱。让拥抱的力量，把我们的"大脑盖子"合起来；让拥抱的力量，帮助我们控制怒气。不论什么力量，都没有爱的力量强大。再深的伤痛，再多的不满，都能通过爱的行为化解。

　　当我们能够通过接纳并说出情绪的方式，对孩子、对自己"情绪诚实"时，我们就创造了"情绪安全"的环境。孩子和大人都会觉得"可以自由地做自己"。当那个真实的我们被接受后，我们就会产生强烈的内心安全感。

　　孩子从小受到正面引导，把正面管教的思维和语言教给孩子，孩子就会养成正面思维习惯，说出正面语言。大人用清楚而具体的语言表达，用孩子明白的暗号或手势代替说话，因为说话并不是我们唯一的交流方式，说话有时是无效的方式。

可以迅速安抚情绪的积极暂停　62

当"错误"发生时，如果孩子收到的信息是"指责和否定"，那他们就会本能地"逃避和辩解"，而不是客观平静地面对和解决问题。我们要给孩子创造这样一个"情绪安全"的环境，帮助他们关注问题本身，寻找最好的解决方法，当负面情绪产生的时候，还要引导孩子学会接纳和疏导它，并练习如何用正面语言来表达。

关注解决方法的选择轮　74

孩子天生情绪诚实，他们只会用天生的方式表达，就像最单纯最本质的小动物一样。家长的责任，就是用孩子接受的方式，引导孩子学会理智思考和理智行动。选项是孩子和大人都能接受的。从生活中我们一直对孩子抓得很紧的事情上，试试看从给孩子可行的选择开始，慢慢地拓宽孩子的成长之路。对孩子说："你来决定。"

建立成就感和归属感的惯例表　99

"孩子需要并渴望明确的生活规律，因为规律给孩子安全感，帮助他们发展自律的性格。人类会惧怕很多事情。未知，最容易让人产生担心和恐惧。""惯例表"，能够一目了然地让孩子、让家长知道接下来要发生什么事情。这样的"可预知"能给大家带来很踏实的安全感。

建立独立思考能力的启发式提问　112

　　提问，表面是家长引导孩子发展独立思考的能力，引导孩子找到解决方法，但背后，是家长将解决方法，也就是事态发展的走向，交给孩子。有效的提问，需要家长的问题具体、清晰，越小越好。通过"具体、清晰的正面语言""选择"等，打下基础，让孩子渐渐培养出理智、独立的思考能力和习惯。

从错误中恢复的4个R　121

　　没有人能够始终保持理智、冷静、耐心。只要是人，就会有发脾气的时候，而妈妈这个"职业"，更要常常面对自己发脾气的时刻。但我们都希望自己能够不对孩子发脾气，或尽量少发脾气。因为我们知道，自己的脾气会对孩子造成情感伤害。我们爱孩子，我们不愿用任何方式伤害孩子。

表达内心世界的"我"句式　145

　　孩子不像我们想象的那么脆弱，孩子更愿意听到实话。好妈妈，不是让孩子一直高兴，那是取悦孩子。好妈妈，能够帮助孩子理智面对生活中的起起伏伏，不仅能够面对正面情绪，也能够面对负面情绪，还能培养出解决问题的能力。

共同解决问题的7个步骤　172

　　"共同解决问题的7个步骤"是个非常好用的工具，能够使问题的当事人在安全、心平气和的环境里，敞开心扉，有效交流。这7个步骤看起来复杂，其实只是一场简单的对话，一次坦诚的沟通，只要家长心里有"尊重"。

培养孩子自信的"鼓励"　197

　　不论是成功还是挫折，孩子才是主角，而不是家长。我们应该放下自己的感受，去体会孩子的感受。通过自己的细心观察，指出孩子值得鼓励和表扬的事实，就是让孩子做"主角"。渐渐地，孩子不但能够在成绩面前保持理智，也能冷静面对失败，培养出真正的自信，踏踏实实做自己人生的"主角"。

让孩子学会承担后果的"自然结果"　211

　　自然结果，是带着爱放手，让孩子顺其自然地成长。当我们看到孩子摔跤、犯错、受伤时，我们的天性促使我们冲上去保护孩子。可是，我们也要提醒自己：他能自己站起来！当他需要我的安慰时，我一定在他身边；当他不需要时，我要退出，我要放手。

附录　孩子天生就会正面管教　234

　　正面管教，能让孩子明白：父母发脾气也不会对他真正造成伤害。他不但不用怕，还有能力有智慧接纳父母发脾气；最后，他还能用自己的力量安慰父母。孩子们不需要学习正面管教，他们天生就会，因为正面管教符合孩子们善良的天性。

合上"大脑盖子"的方法

甄颖

　　我们新一代家长很幸运，现在的育儿领域里，有那么多流派、那么多知识、那么多信息，可以供我们学习。同时，我们也很容易迷惑，面对那么多信息，哪个适合我的孩子和家庭的情况？这个体系说：孩子哭的时候不要马上抱起来；那个体系说：孩子哭的时候要立刻抱起来，以满足孩子的心理需要，让孩子有安全感。我们怎么选？

　　每一种，都有道理，也有不足。这个世界上，没有完美的育儿方法。

　　适合自己的，就是完美的。

　　从我的跨国婚姻开始，我一直在博客上记录自己结婚、怀孕、生育的过程，这些中西结合、带有我独立思考的育儿文章受到了妈妈们的极大欢迎，我很快成为新浪育儿博客最受欢迎的博主，点击率达3700万。这些文章后来结集成书，那就是《和小美在一起》。

　　我一直对育儿方法如饥似渴，看了国内外很多有关家庭教育的书籍。最后，是"正面管教"教育体系打动了我，甚至改变了我的人生。

　　我们先来分享一个"大脑盖子"的游戏。

　　将你的手掌伸开来，拇指放在手心里。

　　拇指的部分被称为"中脑"，也可以叫"动物脑"。它掌管人类的动物本能，例如饿了吃饭、渴了喝水、受到攻击反击或逃跑等。

1

将手掌合起来，握成拳头。你的拳头代表大脑皮层，指尖接触手掌的部分（即指甲前后的部分），是前脑皮层，也可以叫"理智脑"，是唯一进行人脑思考的部分——情绪控制、人际关系控制、人际交往的灵活性、直觉、社会系统认知、自我意识、不被恐惧和担心控制、理智、道德等，还有很多。

当你生气时，你的"大脑盖子"打开了，"动物脑"露出来，你的行为就会成为"动物脑主导"，如不理智、情绪化等等。

我们无法要求自己和别人不再打开"大脑盖子"，这是不可能的。所有人的"大脑盖子"都会时不时打开。

但我们可以找到一些聪明的处理方式，一些自我平静的方法，让"大脑盖子"合起来，并将这些方法传授给我们的孩子。

"正面管教"提供的，是一系列合上"大脑盖子"的方法。

"正面管教"是否成功，有如下五个标准：

1.温和与坚定并行；

2.有助于孩子感受到归属感和价值感；

3.长期有效；

4.能教给孩子有价值的感知力以及社会生活技能（对个人能力的感知力，对自己在重要关系的感知力，对自己在生活中的力量的感知力、内省能力、人际沟通能力、整体把握能力、判断能力）；

5. 能培养孩子的良好品格（尊重他人、关心他人、善于解决问题、敢于承担责任、乐于贡献、愿意合作）。

我们可以看到，这五个标准，能够打动所有具有现代育儿观念的家长。当然，也包括我。除了阅读《正面管教》的英文原著，我还学习了"正面管教"远程培训课程。2011年冬天，我开始了"正面管教家长课堂"的实习，同时根据授课和生活中的实践，着手完成论文答卷。那年生日，我收到了简·尼尔森和琳·洛特亲自发给我的邮件——不但我的论文答卷得以通过，取得家长讲师资质，两位创始人还对我的论文答卷分别做了非常详细的点评。后来，2012年，我去美国接受了两次深化培训，成为创始人简·尼尔森亲自指导的中国讲师。

我们惊喜地看到，越来越多的妈妈加入"正面管教"课程中来。开始，"正面管教家长课堂"的家长们来自上海、深圳、北京等地。渐渐地，越来越多的家长从邻近城市，甚至其他省份拥来。很多家长为了每周一次三个小时的课程，在路上往返六个小时；还有的家长，专门带着孩子和爱人，从外省到深圳短住一个月，以参加"正面管教家长课堂"。这些家长以妈妈为主，也有爸爸、外婆、小姨、准备怀孕的妻子以及幼儿园的未婚教师等。

他们从"正面管教家长课堂"学到了应对孩子挑战的有效办法，找到了帮助孩子建立自律习惯的正确方式和引导孩子性格积极成长的宽松途径，也得到了源源不断的正面能量。

最为感动的是，妈妈们还将这些美国洋方法接了中国"地气"，她们把使用过程中的疑惑和思考，写成了一篇篇的文章，希望给更多的妈妈看到。这本书的内容，是我们从数百篇文章中精心挑选出来编排而成的。

书中的妈妈，面对故事中那些挑战时，尽自己最大努力，力图通过尊重孩子也尊重自己的方法，化解挑战，并培养孩子的良好品质。我们都希望把自己拥有的、最好的"gift"（礼物，也是特质），不论是物质还是性格，给予我们的孩子。

每一种方法，都有道理，也有不足。这个世界上，没有完美的家长。

故事中的挑战时刻已经过去了，但我们的学习没有停止。每天，我们都在通过生活中琐琐碎碎的事情，探索适合自己的育儿方式。学习的心，就是我们能给孩子的第一份"gift"。

我的点评，也不完美，但都发自内心，发自我对正面管教的热爱，发自对每位家长的尊重和感激，发自我对孩子的爱。努力接受自己的不完美，给自己耐心、毅力和爱。这是我能给"正面管教家长课堂"每位家长的第一份"gift"。

这本书，不是要教给家长完美的育儿方式，而是希望看书的家长，通过一个个实例和我诚恳的点评，得到启发，找到适合自己的方法，对自己和孩子，更有耐心，更有信心。吸取你喜欢的，留下你不喜欢的。正面管教，最先受益的是家长，最终受益的是孩子。从让自己受益开始，哪怕只有一点点。

我将这本"正面管教实例集"献给你，鼓励你和书中的18位妈妈一样，"站起来"——为了孩子，开始改变自己。你会发现，你不但找到了应对孩子日常挑战的有效方法，找到了引导孩子自信、自律，拥有强大内心力量的成长途径，还提高了自己的自信。你会发现，你的生活悄然发生了很多积极的改变！

谢谢你们这些不畏惧、愿意改善自己的家长，谢谢你们的学习，让孩子们的未来更美好。

正面管教体系共有几十种工具方法，这是我从2011年11月在深圳教授"正面管教家长课堂"一年多以来，收集到的各种工具的经历，共涉及12个工具。这些是"正面管教工具箱"中的一部分。我相信还有家长使用着更多工具，但没有成文。这是我们的第一本书，我和写文章的、看文章的家长们，都期待更多分享、更多故事、更多书籍。

与心沟通，让爱相容的

拥 抱

HUG

导读

本章运用"拥抱"作为正面管教的主要工具。

◆ **含义**

拥抱是最天然的动作，也是情绪控制和安抚的最有效动作。

◆ **关键态度**

Connection before correction（先连接，再纠正）。

◆ **技巧**

当孩子有负面行为时，尝试先拥抱孩子；

如果孩子不愿意拥抱，告诉孩子："我需要拥抱，这样会让我感觉更好。"

如果孩子还不愿意拥抱，告诉孩子："等你准备好了，咱们再拥抱。"

爸爸和女儿亲密起来

 妈妈：李艺

 女儿：Coco　4岁10个月

　　我和很多人的成长经历一样，因为父母无条件的爱和信任，我有快乐的童年和健康的成长经历，所以我对待孩子也是无条件的爱和无比的尊重。当然，家里有关Coco的规矩也会和她一起商量制订好，制订好的规矩就会让它像铜墙铁壁一般的坚固，不能动摇。

　　家里的主要矛盾就是Coco和爸爸的关系一直不太好。爸爸是个模范老公，也很爱Coco。可是每次爸爸陪Coco玩不到几分钟，Coco就会被惹得发脾气，通常最后是Coco哭着来找我告状，我出面调停……

　　此事让爸爸很有挫败感，他很爱女儿，也很乐意花时间陪她玩耍（我很感谢老公能做到这一点，毕竟他太忙了，要管理的人和事太多了）。可是几乎每次跟爸爸玩，Coco都会发脾气，爸爸怎么哄也没有用，最后就是父女俩不欢而散，Coco很生气，爸爸很无奈。

　　在朋友的介绍下，我学习了"正面管教"的课程，神奇的事情在第一堂课结束的当天就发生了。

Coco还是像往常一样和爸爸画画，没画几分钟，Coco就开始故意找爸爸的麻烦，我使用了今天课上Elly教给我们的第一个工具：拥抱——第一时间过去抱着她，安慰她。但是完全不起作用！

怎么回事儿？！啊，我发现了！Coco的眼睛一边盯着爸爸，一边继续闹。这时候，爸爸也像个做错事情的孩子，低着头，不知道自己又在哪个环节惹到这个小魔王了。我突然意识到：抱的主体不对！

于是，我立刻让爸爸抱抱Coco。很神奇，Coco的情绪立马平和了很多！虽然在爸爸怀里还是在指责爸爸怎么怎么了，但是已经不闹了，也不生气了！太神奇了！

我安抚好女儿的情绪，让她去洗澡。Coco洗完澡，虽然困了，但她还主动要求去找爸爸玩。我就把裹着毛巾的裸体小Coco直接放进了爸爸的怀里，还拉爸爸的手去抚摸Coco的手臂，Coco甜甜地微笑……几分钟后，两个人很开心地拉着手去画画。

当天晚上，Coco的心情好极了，爸爸也过得很愉快。

从这以后，再有纠纷，爸爸会第一时间去抱Coco，两人之间的矛盾大量减少。以前，爸爸也会抱Coco，但不是在发生矛盾的第一时间就抱，而是事后再抱，那时候Coco已经很生气，不让爸爸抱，结果爸爸更郁闷。

第五次课后又发生了一件事，让我惊异于Coco对爸爸态度的极大改善。

晚上Coco又和爸爸一起例行画画，我让爸爸当学生，Coco当老师，效果很好。但有一个问题，爸爸在玩的过程中不知道是太投入还是什么原因，总和Coco抬杠，有时还取笑Coco。

以前Coco对别人取笑她很敏感，会很生气，会跟爸爸哭闹！但是，这天晚上，当爸爸又取笑Coco时，她不但没有生气，还很平和地说："爸爸，你不可以这样取笑我，我会生气的！爸爸，你小时候你的父母就是这样对你的吗？所以你现在这样对我？不知道怎么跟我好好说话？"Coco的语气相当平和，完全是在客观地讨论一个现象。爸爸陷入了沉默……

我看到：爸爸虽然还是像以前一样取笑女儿，但是Coco变了，她已经选择不让自己受伤，不让自己生气了！

一个星期天，因为爸爸要去上班，Coco找了个借口发飙了，一上午都在找大家的麻烦，因为她觉得爸爸去上班不陪她，就是不爱她！

我没有像以前那样烦躁，而是想了一个解决方法：从这一天起，每天早晚（周末是早上、中午、下午、晚上），爸爸和妈妈都要专门抱Coco说："我爱你！"

有次Coco对拥抱她的爸爸说："爸爸，你不说出来，我怎么会知道你爱我呢？"

现在每天早上，爸爸下楼第一件事情，就是对Coco说："宝贝，来，走流程！"然后会抱着Coco认真地说："我爱你！"

后记

"正面管教"课程结束已经有半年左右了，但学习到的东西在我家持续起着作用。生活中的小例子多不枚举，最明显的是Coco不仅和爸爸关系改善了，她那出了名的暴脾气也变平和了许多。更宝贵的是，现在Coco还会主动关心因加班而回家晚的爸爸，问爸爸："你会不会很累？上班会不会很辛苦？"爸爸从每天苦恼和女儿的关系，变为得意地在我面前"炫耀"和女儿的关系。

如果我们给予孩子足够的爱和关注，我们所期待的那些美德，就会在孩子身上像种子那样发芽、成长、开花、结果。

甄颖

拥抱，是个不用学的工具。拥抱，是人类从出生起，最习惯的、最自然的得到温暖和安全的方式，是人类天然就会的表达爱的方式。孩子从出生那一刻起，就被我们抱在怀里，在我们一次次的拥抱里，孩子得到安全感、得到爱。

拥抱我们的孩子吧，不仅在幸福甜蜜时，和孩子拥抱；也要在我们生气、烦躁时，和孩子拥抱，让拥抱的力量，把我们的"大脑盖子"合起来，让拥抱的力量，帮助我们控制怒气。

先拥抱，先连接，后面才能理智冷静地解决问题。

不再责怪别人

 妈妈：姜冰

 儿子：Terrence　4岁

学习"正面管教"课程之后，有一次，我带Terrence去看病，他竟然用"正面管教"中的"启发式提问"对医生奶奶说："除了打针，你还有什么好办法能医治我的病？" 我被他直接震倒！

没想到，很快又来了第二次惊喜！如果不是太晚了怕吵到Elly女儿甄小美休息，那一刻我真想立即打电话给Elly——她是我第一个想要分享这份喜悦的人，是她把我带进这样一个美妙的世界。

事情是这样的：

晚上我正在洗澡，Terrence突然又生气又委屈地出现在门口，对我说："妈咪，我想要抱抱……"

我都傻了，这从未出现在我的生活中！——Terrence开心的时候会主动跟我抱抱，而他不高兴时，都是我主动跟他抱抱，他从来没有主动要求跟我抱抱！

我立即关水，顶着一头的洗发泡泡，张开双臂，蹲下来问他："妈咪浑身是水，还有没冲干净的泡泡，你介意吗？"他摇摇头。

我马上把他抱在怀里，轻轻地抚摸着他的后背，他有点抽泣。

过了三四分钟，我轻声问："你感觉好点了吗？"

他点点头，推开我的手臂，望着我。

我问："愿意告诉妈咪发生什么事了吗？"

Terrence说："我用了好大的力气，好不容易才把那个沉重的玩具箱子从柜子底下拖出来，可是阿姨马上又给我放回去了。"

我心里顿时明白了，阿姨一定是怕砸到他的脚或者有其他危险才这么做。但我并没有急于替阿姨解释，只是接着说："是啊，你好不容易才拖出来，却被阿姨立即放回去了，肯定很生气吧。"

Terrence："是啊。"

我："换了我也会生气。那你现在要怎么做？"

我话音还没落，Terrence轻松地说："我现在去找阿姨玩别的吧。"

我目瞪口呆地在卫生间站了半天，之前我没有听到任何尖叫哭喊声，没有听到任何咒骂阿姨的声音。凭我对他的了解，这样的事情如果发生在以前，他一定会打阿姨，或者说"我要打死你！我要杀死你！"之类的话。而这次，他居然跑来找我要抱抱！长这么大，从来没有过，除了他在外面玩或者走累了要抱之外，从来没有在生气愤怒的时候来找我抱！

我哼着小曲，接着洗澡。从来没有感觉这么美过啊！洗完澡之后，我再次和姥姥确认，Terrence的确没喊没叫、没发任何脾气，姥姥甚至不知道发生了这件事！

我郑重决定：翻出以前上课的笔记，好好地复习回想一遍，翻出"正面管教"课程的书，再仔细阅读思考一遍。

好好记录自己和孩子们的点滴成长，多年以后，翻出这些，一定是最美好的回忆。

甄颖

我至今仍然记得这件事发生两天后见到姜冰，她跟我讲述时，既激动又感动的样子。我也还记得再早之前曾目睹姜冰和Terrence生气，两人都怒气冲冲互不理睬，4岁的Terrence满眼泪水但满脸倔强的样子。

留过学的姜冰和丈夫，从两个儿子很小的时候开始，就给予了他们很多自由。这个自由的另一面，是孩子非常有主见，不愿轻易低头，也不轻易展示自己的负面情绪，更别说自己软弱的那一刻。

日常生活中，通过姜冰一次次主动理解Terrence的负面情绪，一次次主动和Terrence拥抱，孩子的倔强被妈妈的温柔、妈妈的爱，渐渐影响。

强硬，只能改变别人的行为；而爱，不仅能通过影响改变别人的行为，还能够改变别人的心。

与心沟通，让爱相容的拥抱

抱抱气头上的老公

 妈妈：魏力

 女儿：茉茉　3岁

两代人的训斥

大约半年前的一个周六下午，我进卧室准备午睡，茉茉和爸爸在客厅玩，说好等我睡醒再和她一起玩。

过了20分钟左右，我还没完全睡着，隐约听到茉茉喊着要画画。过了5分钟，我听到"咚！"一声重物坠地的声音，紧接着又听到书房的门"哗"一声开了，茉爸冲出来对茉茉大吼："你干什么呢？！谁让你乱翻东西？！地板砸坏了吧？！"茉茉"哇"地大哭起来。

我从床上坐起来，还没来得及出卧室门，就听见爷爷赶来保护茉茉。和茉爸训斥茉茉一样，爷爷训斥茉爸，"看你把孩子吓得！你小时候我是这么对你的吗？一点儿没爸爸的样子！"茉爸也毫不示弱："就你惯着她！"爷俩争辩了几句，爷爷抱着茉茉去他们房间了。

10

听着这些，我大概猜出了原委：茉爸陪玩一会儿，失去耐心，偷偷溜进书房玩电脑；茉茉在客厅自己无聊，想要画画，没人搭理她，小姑娘就"自力更生"，去柜子里拿颜料，颜料重，没拿稳，掉地上了；茉爸听见动静，从书房出来教训茉茉；爷爷听见茉茉哭声，赶来救场。

我想改变

我听见茉爸吼茉茉的时候，有些生气，心里埋怨他贪玩、不负责任。听到爷爷抱走茉茉后，我努力让自己平复下来，思考怎样更好地解决这件事。

学了"正面管教"课程后，我很清楚：我和茉爸都比较喜欢控制，同时最需要肯定和鼓励。遗憾的是，我们的需求一样，但缺乏的也一样。我们都需要对方多给自己肯定和鼓励，偏偏我俩最难做到也是这一点。结婚7年来，我们一直使用从原生家庭带来的行为习惯：用批评和指责来对待对方，导致互相伤痕累累。

我很希望自己能改变一下。

平静心情后，我走出卧室，先去看了一眼茉茉。在爷爷的安抚下，她已经不哭了，正趴在爷爷肩头，快睡着了。

拥抱

我整理一下情绪，给自己打打气，敲了敲书房的门。"谁呀？"茉爸在房里不耐烦地问。"是我，想和你聊聊。"

进了书房，看得出，茉爸没有想和我交谈的意愿，坐在电脑前，盯着电脑上的动画片。

我对他说："你站起来一下行吗？"

他愣了一下，显然没料到我会说出这样的话，在他心里也许准备好迎接"狂风暴雨"吧。他缓缓站起来，面无表情地面对着我。

我没说话，伸出双臂，给了他一个拥抱。

这大概更出乎他意料了！我明显感觉到，他僵硬绷紧的身体松弛了下来！然后，他也伸出手，抱住了我。我在他耳边说："我想，你小时候犯错时，就是被爸妈粗暴对待的吧？"他没说话，我能感觉到他把我抱得更紧了。

拥抱结束，他只低着眼睛说了一句："我以后不会再吼茉茉了。"

我说："我相信你。"

虽然我还很想对他讲：错误是学习的大好机会，当你对孩子吼叫时，她只能感受到你的情绪并被吓坏，却无法解决任何问题，让孩子感觉更好，她会表现更好，孩子更擅长模仿家长的行为……但我忍住了。我发现，他已经在反思自己的行为。我想给他更多时间思考，而不是听我说教。将来，我还有很多机会和他分享这些，不急于这一时。

我相信，他肯定也不希望用简单粗暴的方式对待心爱的女儿，但他不知道该怎么办，他不知道还有其他解决办法。

在我们遇到育儿难题时，有时候即使我们心里很清楚老一辈的处理方式不好，但却依然下意识延续着这种方式，这就是我们的习惯。

并不是没有更好的办法，而是我们还没找到。我需要学习，我的丈夫也需要学习，只是我们的学习方式、速度不同。我学习"正面管教"，就是我找到解决问题的更好方式。我希望他人有机会学习这种方法，这也是我倾心传播"正面管教"的原因吧！

甄颖

旧习惯的力量、三代相处、七年之痒……魏力面临的生活压力，很多人都有。有的人抱怨，有的人逃避，有的人指责，有的人凑合。也有很多人，像魏力这样，积极地改善！

我们不能改变或控制他人，但我们可以改变自己，吸引和影响他人。这样的改变，双方都发自内心。

不论什么力量，都没有爱的力量强大。再深的伤痛，再多的不满，都能通过爱的行为化解。

与心沟通，让爱相容的拥抱

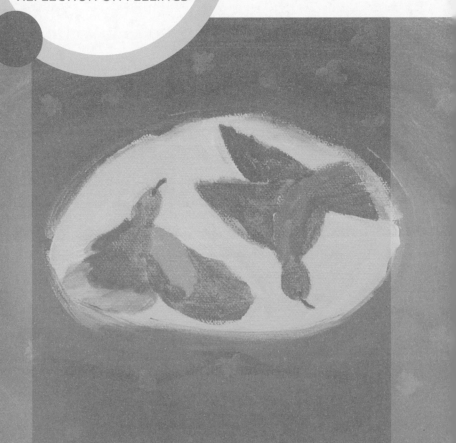

共 情
让我们与孩子心连心
REFLECTION ON FEELINGS

导读

**本章运用"共情"
作为正面管教的主要工具。**

◆ **含义**

"共情"是心理学术语，又叫同感、同理心。

共情的过程是：一、辨认孩子的感觉，包括正面感觉和负面感觉；二、准确地用语言表达出来。

◆ **关键态度**

接纳并认可孩子的负面情绪，教会孩子感觉没有错，但行为不可以。

◆ **技巧**

找到孩子负面情绪的开始点；

识别孩子负面行为后面的情绪并表达；

找到孩子有这样负面情绪的道理或事实原因；

猜出或说出孩子的愿望。

大街上闹觉

 妈妈：Elly

 女儿：甄小美　4岁

　　一天下午，我骑着自行车带着刚满4岁的甄小美，她坐在后面的儿童座椅里，系着安全带，戴着头盔。我骑着骑着，忽然自行车歪了一下，又歪了一下。我很有经验：甄小美睡着了，头来回晃，每晃一下，车子就跟着歪一下。

　　我提高声音叫了一声："甄小美！"她立刻回答："What?（什么？）"我心里一喜："原来她没……""睡着"两个字还没想完，就听到甄小美"哇"地大哭出来，没等我反应过来，甄小美的哭声转成了尖叫："啊！I wanna sleep（我要睡觉）！"原来，刚才的回答只是她的本能条件反射，不是清醒状态的回答，她的确睡着了，是被我的叫声惊醒了。

　　甄小美在身后尖叫着大哭，我一边骑车，一边用一只手伸到后面摸摸她："我听见了，我听见了，你想睡觉。"可这根本不管用，甄小美一下子把我的手打开，继续尖声哭叫。

　　我靠边停车，甄小美坐在儿童座椅里哭得撕心裂肺，往来的路人都看着我们。要是以前，我可能会像很多妈妈一样，对孩子说："没关系，吵醒了也没事儿，继续睡就好了。"或者，跟孩子道歉："对不起，都是妈妈不好，把你吵醒了。"根据我的经验，我很清楚，这样的安抚基本于事无补，孩子听不进去！

我知道，现在试图改变孩子的情绪，不是时候。我有新的方法——认可并说出孩子的负面情绪，而不需要改变她的情绪。

我伸出双臂想抱她："妈妈抱抱吧，好吗？"——这是我们最常用的安抚方式——可她不但不让我抱，哭的声音反而更大："No！No！"同时挥舞着胳膊，把我的双臂打开。

甄小美不让我抱，我就摸摸她的大腿和脸蛋，表示我理解她："妈妈知道，你被我叫醒了，很不高兴，很生气。你想继续睡，没问题呀，你闭上眼睛，继续睡吧。"可甄小美好像没听见，坐在自行车上使劲推我："You go away！（你走开！）"差点把自行车带倒。她哭叫着："I wanna sleep！You woke me up！I wanna sleep！（我要睡觉！你把我吵醒了！我要睡觉！）"她泪眼模糊地重复这几句话，不停地责备我。

我又换了另一个我们平时常用的"深呼吸"方式："我知道，你现在很烦躁，非常烦躁。来，深呼吸，记得吗？深呼吸，你就会觉得好多了。"还是不管用，她根本不听！

很多路人看过来，我脸上有点挂不住了，心里还有一丝虚荣而愚蠢的想法：我还是教家长辅导课的呢，怎么现在倒搞不定自己的孩子了？！

我被她的哭叫和责备折磨得有点不耐烦，有一瞬间，我差点回到以前的状态。要是以前，我很有可能从"试图改变孩子的情绪"，变成"失去自己的情绪控制"而发怒。我很有可能对甄小美厉声大吼："不许哭！你要再哭，我就……"当然，这样的结果，会是两败俱伤。

　　"认可并说出孩子的情绪"这个新方法，也适合用于自己，认可并说出自己的负面情绪。

　　我现在的情绪是什么呢？有点慌乱，有点尴尬，开始不耐烦。认清了自己的这些负面情绪，我也清楚了我这样的态度，我自己都不镇静，怎么能给孩子带来平静的情绪影响？我明白了。

　　我深呼吸一下："你想继续睡觉对吗？"甄小美哭着点头。"不想让妈妈抱？"甄小美哭着点头。"不想让妈妈碰你？"还是哭着点头。"不想停下自行车？"哭着点头。"想妈妈继续骑自行车，你好睡觉？"哭着点头。

　　"妈妈把你吵醒，你又烦躁又生妈妈的气？但是还没有完全醒过来，又表达不出来，更急躁了，对吗？希望这些都没发生，自己一下子就重新睡着了，对吗？"甄小美哭着点头，但哭声小了一些。我认可并准确地说出了她的负面情绪！

　　我接着说："你知道吗，你这样哭叫，让我觉得紧张，我可能会骑不好车子。而且在马路边，很多人在看我们，我觉得有点尴尬。我用了很多方法，还无法让你平静下来，刚才也有点急躁。现在我明白状况了，所以我平静下来，不急躁了。"

很神奇，甄小美虽然还在哭，但非常明显，我说的话她都听了进去！

"这样子吧，我继续骑自行车。你坐在后面，自己想办法，尽力让自己也平静，好不好？"以我对她的了解，她一定会接受这个建议，而且能做到。

果然见效。我开始骑车，很快，坐在后面的甄小美不哭了。

很快我们到家了，甄小美没有再次睡着，又开始大哭："Mommy I wanna sleep（妈咪，我要睡觉）！"这时我不着急，也不生气、烦躁。默默数她的哭声——我知道不超过6声，她就会有改变——果然，哭到第4声，甄小美站起来，伸开胳膊转向我："妈妈抱抱！"

我过去把她抱起来，慢慢地晃，抚摸她的后背。几秒钟后，甄小美的哭声停了。我俩坐在沙发上，她靠在我怀里："I wanna sleep, but I can't! Only at that time, I could sleep, but you woke me up. I just fell asleep, I felt very angry and annoyed! Now I want to sleep but I can't. I still feel angry.(我想睡觉，可是睡不着。只有刚才那个时刻我能睡着。但你把我吵醒了。我才刚睡着，我觉得很生气很烦躁！现在我还想睡，可是睡不着。我还是觉得很生气。)"——现在的表达多清楚！又一次，我没有给她讲道理，依旧只表示对她情绪的接纳："我非常理解。你记得吗，昨天妈妈这样坐在沙发上，一下子就睡着了。我很幸运，没有人叫醒我，所以我睡了10分钟。"

甄小美瘪着小嘴巴，伸出两只小手掌比画："Yes！"她把两只手分开一些，"You slept this much（你睡了这么多）."然后把两只手掌合得很近很近，"But I only slept this much（但我只睡了这么多）！"

我搂紧她笑，忍不住亲她："没错。你比画得非常准确！你太可爱了！"甄小美也笑了。我们依偎了5分钟，甄小美的闹觉全部结束，恢复了活泼快乐的常态。

甄颖

从正面管教，我学习到两个对我一生有益的概念：情绪诚实，情绪安全。

孩子天生"情绪诚实"，他们自然真实地表达自己，但他们无法通过精准的词汇说出，而是通过哭闹等行为表现。

很多家长只看到孩子的负面行为，却没看到行为背后的负面情绪——情绪人人都有，没有对错。因为大人不能接受孩子的行为，所以打击孩子情绪诚实的"训练系统"从很小就开始了。成人常强迫孩子做出和情绪相反的行为。比如，孩子感觉难过，却被要求平静；孩子感觉不服气，却被要求道歉；孩子没有感激，却被要求说"谢谢"；孩子感到生气，却被要求理智。

我们的孩提时代，即使受到很多其他鼓励，但如果没有"情绪诚实"，父母就看不到真实的我们。

当我们离开父母独立生活后，我们可能会尽量避免和父母来往，即使来往也是出于责任或内疚。很多父母对孩子的这种行为和心态觉得苦恼、不解，他们却不知道产生这种行为的原因却是因为多年来父母都不鼓励孩子"情绪诚实"所导致的。

这些父母深深相信自己"从头到脚"了解孩子，但孩子却不认为父母"了解（理解）我"——这就是问题的关键所在。

我们小时候，父母对待我们的"情绪诚实"方式，基本就是我们长大后对待自己情绪的方式。

当我们能够通过接纳并说出情绪的方式，对孩子、对自己"情绪诚实"时，我们就创造了"情绪安全"的环境。孩子和大人都会觉得"可以自由地做自己"。当那个真实的我们被接受后，我们就会产生强烈的内心安全感。

共情就是表达情绪诚实，创造情绪安全的有效方式。也是现在正面管教家长们用得最多的工具。

很多很多正面管教的家长，每天都在帮助孩子表达他们用语言说不出来的情绪，"妈妈不允许你吃那么大的棉花糖，妈妈知道你非常不高兴"；"一边吃饭一边玩，你觉得很惬意，但妈妈把玩具拿走，让你愤怒"；"弟弟把你的玩具手枪弄坏了，你特别生气，但又没办法发泄，更难受了"。

甄小美现在能够非常清楚表达自己的情绪，例如，"今天我是幼儿园老师的助手，我觉得很自豪"；"我很迷惑为什么总是小孩子听大人的话，我觉得不公平"；"妈咪，当你对我大喊的时候，我觉得害怕，还有伤心"……

还有更多的"正面孩子"每天也在说着这些话。因为家长们给孩子创造了"情绪安全"的环境，孩子们自然而然地发展出对自己的情绪诚实，内心的安全感越来越强。

不愿进洗澡房

 妈妈：王欣

 女儿：小睿　3岁

　　天气冷，我打算自己先洗澡，然后在浴室里留些热气让小睿洗。我跟她说："妈妈先洗，洗完你再进来洗，好吗？"小睿边玩边答应了。

　　但是，事情并没想象顺利。当我快洗完叫小睿准备时，她不愿意了。从这个房间跑到那个房间，爸爸在后面一边追，一边催促，叫她别玩了："赶紧准备洗澡睡觉！"小睿努力寻找各种借口：卫生间烟雾太大了，气味不好闻（是热气），要把绑在抽屉把手上的一对小人偶拿下来再洗，要先关灯，房间太亮了……爸爸不

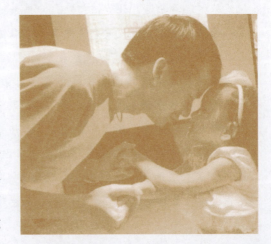

悦地一一否定："这是热气，没什么味道，等洗完澡以后再取下来，现在还没睡觉，不能关灯……"要求她停止一切事情，赶紧洗澡。小睿很不高兴，站在墙角不理爸爸，嘴里开始反抗："我不，我不洗澡，我就是不洗。"

我在卫生间边穿衣服边听，脑子里飞快地想："待会出去该怎么处理才好？硬来，命令，强迫，威胁？虽然可能达到目的，但肯定是两败俱伤，两败俱伤不是'正面管教'！"我吸一口气，在心里告诉自己："冷静，先让自己和小睿情绪都平静下来，虽然我此刻也有些生气。因为时间不早了，卫生间的热气也全跑光了。"

我向正在生气的小睿走去，平静地问她："宝贝，想不想妈妈抱抱？"小睿想了想，嘟着嘴点点头走过来。我抱着她坐在我腿上，亲了亲她的脸。这一瞬间，我能感觉到，我和小睿的情绪都平静下来了！"抱抱法"真的很神奇！

接下来，我站在她的角度，试着把她的想法说出来："妈妈刚洗完澡，卫生间全是雾气，让你觉得很闷，有点透不过气，所以不愿意马上洗澡，对吗？"小睿点头"嗯"了一声，我继续说："现在妈妈洗完了，我们一起去卫生间看看还有没有热气。如果没有，我们就马上洗澡好不好？"小睿马上说："好。"我抱着小睿去卫生间："你看，现在里面已经没有热气了，那我们洗澡吧！"小睿点头，还给自己找了个台阶："但是我要先把那对小人偶取下来再洗。""当然可以！"我爽快地答应了。取下小人偶后，小睿非常配合地洗澡去了。整个过程，我没有指责、命令、强迫，也没有生气，只是站在孩子的角度去理解她，给她尊重和选择以及一小步的退让，"战争"的导火索便及时、平静地熄灭了。

甄颖

孩子不听话的时候，是最容易让我们生气的时候。小睿不愿意洗澡，爸爸和王欣都生气了，但王欣没有马上被自己的情绪"带走"，而是"飞快地想"，想的是"冷静，先让自己和小睿情绪都平静下来"。

因为冷静下来，王欣就随之放下了自己的负面情绪，如孩子洗澡磨蹭带来的不耐烦、急躁等，而能够"站在她的角度，试着把她的想法说出来"。站在孩子的角度——共情的关键！

这篇文章写在王欣上了"正面管教家长课堂"两个多月之后。只不过两个多月，王欣的变化让所有人惊喜，她自信了很多，给周围的人带来了更多踏实和温暖的感觉。

抢夺爸爸的搂抱

 妈妈：润绮

 女儿：婷婷　4岁1个月

 儿子：滚滚　2岁1个月

一次我们一家四口一起坐飞机。我带着姐姐婷婷坐在走道左边，爸爸抱着弟弟滚滚坐在走道右边。飞机还没起飞，弟弟就睡着了。

过了一会儿，空姐请所有乘客把小桌板收起，并系好安全带。飞机准备起飞。

这时，婷婷见弟弟被爸爸抱着，开始有点不开心了，于是拉着脸、扁着嘴，后来还伸手解安全带嚷嚷道："我要去爸爸那边！我要爸爸抱我！爸爸不要抱弟弟！"

我立刻伸手阻止，并严肃地告诉她："你不可以解安全带！这样很危险！也不可以离开座位！飞机已经起飞了。"

"哼，我不跟你玩啦，我不要你！"婷婷嘟着嘴开始生我的气。

以前她在闹脾气的时候也说过这类的话，我也会很生气地回一句："那我也不要跟你玩了！" 然后不理睬她，或很严厉地直接批评她。然后她以尖叫回应！这样的后果，不仅我俩闹得不开心，还会影响到飞机上的其他乘客。这不是我想要的结果！

我突然想起"正面管教"。Elly说过，当人生气时，"大脑盖子"容易打开，容易出现不理智的言行。让我想想，现在该做什么能让我的"大脑盖子"关闭呢？

记得"正面管教家长课堂"有教家长如何尽快平复情绪，比如深吸一口气，然后在脑海里默默寻找孩子身上的"闪光点"。

我深呼吸一下，想了想，婷婷今天一整天的表现都很不错，特别是当飞机误点3个多小时，等待过程漫长而枯燥，但她一直都很安静。现在她之所以有负面情绪，一定是很累了。

于是，我把即将出口的"怄气话"，变成了对她温柔的"共情"："宝贝，我觉得很伤心、很难过，因为你说不要跟我玩了。可是妈妈还是很想跟你玩，很想跟你在一起。妈妈知道你一定很想爸爸抱着你睡，给你捏手，因为我的婷婷现在也很累很困了。来！妈妈抱抱，妈妈也给你捏手、摸背，好吗？"说完，我伸开手臂去抱她。

婷婷听完这些话，马上把头枕在我的大腿上，还主动跟我说："妈妈，对不起！"

这太让我惊讶了！要知道，婷婷以前可从不愿意主动道歉！

我轻轻抚摸着婷婷的头，内心充满了温暖和感动。

甄颖

不少妈妈说："共情就三句话，可是说准还真不容易。"其中一个不容易的原因是，当妈妈的"大脑盖子"打开时，几乎无法理智地辨认孩子的感受——这时候，只要妈妈放下自己的感受，把孩子的感受放在首位，就能迅速准确地辨认孩子的情绪。

当孩子听到自己的感受从妈妈嘴里说出来，那一刹那"被理解"带来的和妈妈"心连心"的感觉，足以消除孩子绝大部分负面情绪。

就像婷婷，听到妈妈不但没有为自己过分的言语生气，还说"妈妈很想跟你在一起"；妈妈又很体谅自己"很累很困，想让爸爸捏手……"——妈妈听到了婷婷的心声。而且，妈妈还能满足婷婷的需要：捏手、摸背。

相信婷婷的心里也很"温暖和感动"。

出乎意料　轻松拔牙

 妈妈：何平

女儿：叶子　9岁

拔牙太痛啦！

叶子的乳牙还没掉，后面的恒牙就迫不及待地想"占位子"，为此我带她去看了两次牙医。不过，这两次探访牙医的经历不是很愉快，所以现在只要跟叶子一提要看牙，她就会大声哭叫，或很不高兴，让我也感到心烦意乱。

在"正面管教家长课堂"上，我和同班的妈妈们一起讨论，如何用所学的"正面管教工具"来解决这个问题。通过"父母帮助父母"环节，我渐渐能真心站在叶子的角度去看待这件事情，明白了叶子看牙医时的感受：恐惧和害怕。

理解了孩子，我也不再像以往那样，用命令的方式强迫她接受我所安排的时间和地点。我有了新方法。最终，我俩找到了彼此都能接受的解决办法。

晚上，叶子刷牙的时候，我问："叶子，你的牙齿现在感觉如何？"

叶子立刻看到了我的"小算盘"，马上说："我不要去拔牙，会好痛的。"

这次我没有给她讲"不拔牙会如何如何"的道理，而是发自内心地理解她："是啊，拔牙会痛，但不知道需不需要拔呢？"

叶子有些沮丧，但给了我一个理智的回答："肯定要拔的，我不要拔牙！好痛！"

我跳过"拔牙"这个话题，用了选择法："你觉得我们是周二去，还是周三、周四、周五、周六去？"问完后，我自己特想笑，觉得自己像在背剧本。

没想到，叶子顺着我的问题思考起来，她说："我不要周六去，我不想爸爸看着。"

我答应："可以呀，那你觉得周几去？"

叶子爽快地说："周五去。"但突然又改变了主意，"还是明天去吧，我想早点解决这件事！"

我非常吃惊，同时心里也乐开了花："好啊好啊！那明天你下了第三节课我就去接你。"

共情好神奇

第二天，我还要继续上"正面管教"课程，到11点，我告诉Elly我得先走，去接女儿看牙医。Elly告诉我，可以先把看牙医的步骤提前解释给叶子听，并询问一下她对每个步骤的感受。我决定试试。

路上我跟叶子说："我们待会儿到××齿科，牙医会先检查你的牙齿，然后再决定需不需要拔牙。"

叶子又开始重复："我不想拔牙，好痛！"

我没有和她说"你要勇敢"之类的话，而是用了共情："是啊，拔牙好痛。上次你拔牙的时候，最害怕的是什么？"

"最痛的是打麻针（麻药）。妈妈，好痛呀！"

"那后来你感觉怎样？"

叶子想了想，说："打麻针好痛呀！妈妈，我好害怕！"

"是啊，妈妈那时候手心也出冷汗了。我现在腿都在抖。"

经过共情，我更能理解叶子此刻的感受了，我此刻最需要做的，就是不断给她勇气和爱："快，把手给妈妈拉拉，妈妈开车没法抱你。我太理解你现在的感觉了，我那时腿都会发软。"

得到了妈妈的充分理解之后，叶子很自然地开始转移了话题，突然说起她上课时的事情来。我知道，是共情起了作用。

可到了诊所门口，叶子又表现出了害怕情绪，特别是当我们真正走进诊室，她看到牙医那一刻，我感觉到叶子害怕恐惧的情绪更加强烈了。我紧紧搂着女儿，亲了亲她，继续和她共情。这时，站在一旁的牙医表现出了明显的不耐烦，甚至有些不满地离开了诊室！

以前，如果遇到这种情况，我会为了迎合医生而责备孩子，告诉她"这没什么大不了的"之类的话。但这次，我真切地感受到了女儿的负面情绪，我只想给她更多的关爱和鼓励，让她知道，妈妈会在她身边，和她一同面对一切。

我平静、温柔且坚定的态度，让女儿渐渐放松下来。做了一番思考后，叶子不但没有反悔，而且竟然主动提出："今天拔牙吧。"这太让我惊喜了！

我马上问："你想坐在妈妈腿上，还是自己坐在凳子上拔？"她选择坐我腿上。接着，牙医进来，很快就把牙齿拔掉了。

一切都出乎意料的顺利。

这次的"拔牙经历"让我终生难忘，也让我更加坚定了自己的"正面管教"之旅。

甄颖

在我的教学经历中，共情是家长们使用得最经常、最熟练的"正面管教"方法。当我们说出孩子情绪的那一瞬间，不仅孩子得到了理解，负面情绪得到了释放，家长和孩子之间的感情沟通也能够立刻建立起来。

在这个故事中，以前妈妈何平通过各种方法，讲道理、劝说、命令……力图让叶子的"牙医之旅"顺利，可妈妈越"努力"，孩子越反抗。

这是因为妈妈没有首先关注孩子的情绪，而是直接让孩子接受妈妈的解决方法。而当人们感觉很坏的时候，几乎很难做出理智的行为。

当何平用了新的方法，关注孩子的情绪，理解孩子出现负面情绪的原因（而不是讲道理）——拔牙会痛——简单的一句话，叶子就感到被理解了，就顺利地接受了妈妈给出的选择。

当真正面临拔牙了，叶子的负面情绪到达顶点。有了对孩子的理解，何平准确地辨别了叶子的情绪：紧张、害怕、恐惧，而且真心与孩子共情——"妈妈的手心会出冷汗""妈妈的腿会发软"。尤其，当医生不理解叶子，"不耐烦，甚至有些不满地离开了诊室"，何平没有尴尬难堪，更没有因此责怪叶子，而是继续跟孩子共情。

几次共情，铺平了道路。叶子的负面情绪被妈妈理解了、疏导了，平静下来，变得理智一些："今天拔牙吧。"整个过程中，何平没有提出解决方法，没有给孩子讲道理。最后找到解决方法，得到理智的，是叶子自己。

这虽然是一次拔牙事件，但这次事件不仅坚定了妈妈何平的内心，更让叶子的内心力量有了增长！

"赖床大战"不再可怕

 妈妈：姜冰

 儿子：Terrence　4岁

每天早上，Terrence醒来都会赖床很久，即便我用尽了各种好言好语，甚至几乎哀求都还是毫无效果。最终，我的耐心消耗殆尽，开始用怒吼、责备、命令等粗暴的方式达到让他起床的目的。

虽然我学习"正面管教"已经有一段时间了，但由于疏于练习，很不熟练。现在随着孩子越来越大，那些粗暴的育儿方式越来越失效，Terrence不再惧怕我的怒吼和命令，我该怎么办？

昨天早上，我准备走进睡房叫Terrence起床。只见他还没睡醒，半眯着眼睛嘴里嘟哝喊了几声外婆，外婆却没搭理他而是去抱了弟弟。他顿时露出一副生气和委屈的样子。

我知道我的"挑战"又来了。但这次我决定用在"正面管教家长课堂"上学到的方法试试。我轻声问他："咱们起床吧，快到上课时间了。"果然，听到他十分坚定的声音："我不！"

这是我早料到的，也完全做好了被拒绝的心理准备。

我开始试着让气氛变得轻松些："我看到有个小朋友的表情

有点愤怒，是不高兴了吗？"

Terrence不回答，也不理我。虽然这样的反应我已经预料到，但是要想了解孩子内心的感受，就要将我想到的说出来，才能找到与Terrence的感受契合点。

"妈妈知道你还没睡够，喊外婆她又没听见，这些都让你感到很生气，对吧？"

"是的！"终于猜中他心思了。

就在我一下子不知如何接话的时候，Terrence接下来说的话反而给了我启发，他说："我不要起床，我要接着睡！"

我继续共情："哦，你还没睡醒，还想接着睡。"

Terrence开始用已经没那么愤怒的声音说："是的，我还想睡。"

"你真希望上学的时间不要那么快到来，能再给你睡一小会就好了？"

Terrence开始用力点头："嗯嗯。"

我说："妈妈真希望能让时间暂停，能让你再睡一小会呢！"

Terrence不再说话，表情缓和了不少。

现在正是时机，我给他两个我都能接受的选择："那现在你是希望自己换衣服，还是妈咪帮你换呢？"

Terrence马上快乐地回答："我要你像上次玩'拔萝卜'那样把我拔起来。"

而这正是我所需要的答案，接下来，Terrence自己换衣服、刷牙、洗脸、吃早餐，整个过程都出奇的顺利和配合。这个"特别的早晨"，四处都弥漫着平静幸福的氛围。

我知道，我要开始做出改变了。

甄颖

孩子"起床难"是个很普遍的现象，因为孩子留恋那份单纯、温暖、平静的感觉，再加上如果没有睡够，起床自然很难，我们大人何尝不是如此？只不过，我们与孩子不同的是，我们有自制力，即使不想做，也会做，而且不用哭闹、发脾气的方式表达自己的不喜欢。

我们先明白孩子"起床难"的感受，只要再表达出来，表达我们对孩子的理解，起床就不会太难了。

这个故事里，最难能可贵的是妈妈。80后的姜冰自己如公主般长大，成为两个孩子的妈妈后，她起初常说的一句话是："我连自己还照顾不了呢！"

妈妈，是个迫使我们成长的职业，不论我们有没有准备好。

记得姜冰刚进入"正面管教家长课堂"时，两次谈到对4岁的Terrence失去耐心，动手打儿子……"我那一刻真的没办法了，我的性格就很犟，他比我还犟！我真的崩溃了！"姜冰回想起打孩子的一刻，难过得掉泪。

现在，姜冰常自己带Terrence出去玩。姜冰带Terrence去云南旅游时，Terrence意外磕破头，流了很多血，还要缝针，姜冰始终保持冷静，理智处理。现在，姜冰每天开车带着小儿子送哥哥Terrence上下学，还是Terrence学校家长委员会的成员……

和姜冰一样，我们都在成长，即使我们没有准备好。因为，爱。

两个孩子打架

 妈妈：姜冰　　　　　 妈妈：Elly

 儿子：Terrence　4岁　　 女儿：甄小美　4岁

Terrence放学后，来到甄小美家赴约。

两个小孩两个大人在家玩。孩子们一会儿钻钻帐篷，一会儿翻翻书，我一会儿和Terrence腻歪腻歪，一会儿和小美甜蜜甜蜜，很开心。

没过多久，Terrence迷上Elly家房间里的一根金属管子。我把他抱上去，他自己滑下来，反反复复，重复了快半个小时，"咯咯咯咯"，Terrence笑得特别开心。我和Elly讨论："就一根管子，有那么好玩吗，孩子真是容易满足。"过了一会儿，我们发现笑声停止，回头一看，两个孩子不知何时对峙上了！

Terrence气势汹汹地死死瞪着小美，双手牢牢地抓着钢管不放。小美做着她特有的生气表情，像吸血鬼那样，龇牙咧嘴地吓唬人，搞笑极了！

我们两个大人都忍住不笑，看着孩子们用自己的方式威吓对方。我和Elly假装聊天，用眼角注意着局势的发展。

很快，他们发现这样的"眼光威胁"没用，谁也不放弃。于是，对峙升级了！小美开始用身体去挤Terrence，使劲左拧右拱，希望Terrence放手。Terrence也很不配合地使劲挤小美，死死地顶住，绝不放手！我和Elly没有插手，一边故作轻松地聊天，一边用眼角继续观察。我激动不已，Terrence很少和小朋友发生冲突，一般不会争抢。

我一直觉得他缺少打架斗殴的经历。嘿嘿，今天我真想看看他会怎么样！

很快，小美发起进攻了。"啪"的一拳！小美出其不意地打在了Terrence肩膀上。

我还是没出声，继续观察Terrence的反应。Elly终于出手"救场"了，她不允许小美打人。Terrence没有还手，仍旧死死守住他的钢管，小美被妈妈制止了一下，争执了一小会，生气地跑去自己房间，锁上了门。战争结束了。

Terrence很生气，委屈得想哭，又想喊叫，却拼命地忍住，只从喉咙里发出阵阵低吼。Elly在他旁边轻声说："Terrence，你现在又生气又委屈，你可以大声哭，也可以大声喊叫，可以使劲打床，可以使劲跺脚，还可以让你的妈妈抱抱。"

到现在，我才说出第一句话："妈妈抱抱，你愿意吗？"

Terrence走到我怀里，坐下，很生气地说："我要回家！"

"我明白你现在非常生气。因为你正玩着管子，小美过来要抢，也没有问过你。后来还打了你一拳，对吗？"

"是的，我现在，很生气，我要回家！现在就回家！"

"可是爸爸正在过来的路上，我们说好等会一起去吃牛排。妈咪、爸爸，还有Elly都非常想吃，你说怎么办呢？妈妈先在这里再抱你一会儿吧？"

这时，Elly去敲小美房间的门，进屋找小美。

　　几分钟过去了，我就这样抱着Terrence，轻轻地摸着他的头，他的情绪很快就平复下来。小美也在妈妈的引导下开了门，我们两个大人坐在地上，抱着两个孩子。四个人进行"战后修复"。

　　Elly跟两个孩子说："Terrence觉得是他先玩的，小美不应该抢。小美觉得这是她家的，所以有权利不让Terrence玩，对吗？"

　　两个孩子都点点头，似乎说中了他们各自的心声。

　　"那小美，你愿意先给Terrence道歉吗？"

　　小美摇摇头："不愿意。"

　　"那Terrence，你愿意给小美道歉吗？"

　　Terrence也摇摇头："不愿意。"

　　"好吧，没关系。那你们愿意一起去吃牛排吗？现在，我们一起去？"

　　"好吧。"

　　两个孩子都同意了。

　　我们收拾收拾就出门了。到了餐厅，很快，他们又玩到一起了。

　　我和Elly在桌边聊天。我很享受这种完全放松的环境——我们说同样的"正面语言"，我们理解对方。当孩子们发生冲突时，我们都很淡定。我不用顾虑如果不制止，Elly怎么看我，怎么看我的孩子。我也不用顾虑她会不会不恰当地参与。

　　小美是个很强壮的孩子，这我很早就知道。所以在小美打了Terrence一拳后，我的第一反应是希望Terrence能和她打一架！我不知道其他男孩子的妈妈会不会和我有相似的感觉：希望自己的儿子强大，希望他有打架的勇气和经历。

　　我开始倾诉我的担忧和不满：担心Terrence会不会太软弱了，担心他不会争取和保护自己喜欢的东西，担心他受欺负了不会动手打回去……

Elly笑了："不会呀。我看到的Terrence很坚强。他一直在死死守护那样东西，到最后也没有放弃。如果小美打了他，他又打回去，你是不是又要教他：动手打人总是不对的，你能想到什么其他的好办法吗？如果他先攻击小美，你是不是更要纠正他打人的行为？他今天没有一点问题，我觉得他很完美：该坚持的坚持，该纠正的不当行为都没有。"

听了Elly的话，我如醍醐灌顶。因为Terrence从小不和人争，不和人抢，我已经在内心深处给他贴上了"软弱"的标签。我还认为：在发生冲突时和人争抢、打架，才是强大。

仔细想想，睚眦必报，你打我一拳，我还你一掌是真正的内心强大吗？如果他真这么做了，那我肯定要教育他：这样不好。我这不是自相矛盾吗？我觉得自己原来的想法有点可笑了。尤其，Elly提醒了一点：他是男生，不可以打女孩！——这也正是我自己原则里非常重要的一点！

我看事情的角度这下子对了！立即晴空万里。看着两个孩子玩耍，真心觉得他们好可爱。

晚上睡前聊天，我和Terrence聊起这件事："你今天在Elly甄小美家做客，玩得开心吗？我们来聊聊今天的事吧。"

"好啊。我很开心。嗯？不对，我不开心，小美和我抢管子。"

"嗯，是啊，看得出来，你们两个当时都很生气。后来一轮争抢，不欢而散，你们都没有再玩管子了。"

"是的。"

"下次，如果再遇到类似这样的情况，你想想看，怎么做，才能继续玩，而不是大家都生气都不高兴呢？"

"我告诉她，让我再玩一会儿，一定会让给她玩。就10分钟。哦，也许，5分钟也可以。"

我真的很高兴：孩子心中有自己的解决办法，也许只是这次没有机会给他尝试。

"听起来是个好主意呢！"

"可是，如果我这样说，她还是不同意，还是要抢呢？"

"嗯……我也不确定她会怎么做。也许你下次可以试试看就知道了啊……"

"好吧。"

说完Terrence就睡了。

我的内心很平静，没有任何担忧。真是很美好的一天。

甄颖

甄小美被我制止，生气地进了自己的房间，关上门。我没有马上去找她，是因为我知道她在做什么——她一定在自己的帐篷，也就是她的"积极暂停角——Aroza"里面（后面文章有详述）。所以这时候，我需要给她时间。

当我进到她的房间里时，她果然在Aroza里，躺在一堆毛绒玩具中，怒气已经平息了很多。我并没有跟她说太多话，也没有指责她，我也只是跟她共情而已："我知道你刚才很生气，因为你觉得Terrence不让你玩，你觉得不公平。"

甄小美点头。我搂着她："我知道你自己也明白，打他一下不能解决问题，但你那时候在气头上，想不到还有什么好办法，对吧？"她的怒气都没了："对呀，我很生气……那我再想想吧。"

"不着急，有些事情需要慢慢思考，慢慢实践，方法一定会有的。我相信你迟早能找到好办法。今天想不到也没关系。现在你想出去吗？记不记得我们还要去吃牛排呢？"

"出去吧。"

……

我的妈妈，甄小美的姥姥，看了这篇文章，写了以下评语：年轻的妈妈们，你们真是好样的。在育儿这方面，你们真让我们这一代人震撼。你们对孩子的要求全新，你们处理的方法不同于过去。整个过程没让犯错的孩子受一点委屈，就解决了问题。用这样的方法教育长大的孩子，心境平和，心地善良，不好勇斗狠，能用正确的方法处理人与人之间的矛盾。

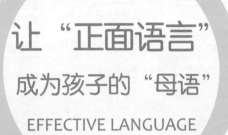

让"正面语言"
成为孩子的"母语"
EFFECTIVE LANGUAGE

导读

**本章运用"正面语言"
作为正面管教的主要工具。**

◆含义

把正面管教的思维和语言教给孩子，孩子就会养成正面思维惯式，说出正面语言。典型的正面语言是温和而坚定的，着眼于解决问题，解决的过程强调孩子参与的主动性。本章的正面语言包括了"提前说"（《宝宝在操场上"游泳"》），"暗号"（《不再影响大人打电话》）。《委屈的孩子说出心里话》则是多种正面语言的运用。

◆关键态度

坚定，而不是强硬。

◆技巧

具体而清晰的语言；有条件的许可；孩子明白的暗号或手势；家长知道接下来正确的事情是什么，并且做；

提前告知，让孩子知道接下来要发生的事情；

不是模糊笼统的命令，而是清晰具体的指令；

发散性有创意的思维，多和孩子玩"头脑风暴"游戏；

使用"你一……就可以……"句式，让孩子看到自己行为的积极结果；

使用非语言表达方式，例如手势、暗号等。

让『正面语言』成为孩子的『母语』

宝宝在操场上"游泳"

 妈妈: Linda

 儿子: 宝宝　3岁

　　昨天，宝宝的幼儿园举行亲子运动会。宝宝要和家长一起完成好几个游戏，每完成一个游戏就在盖章纸上盖一朵小红花，集齐全部的小红花就可以领奖品。每一个游戏前都排起了长长的队。我带着宝宝玩完了这一个就要直奔下一个，宝宝刚开始兴趣很高，渐渐地，他感觉乏了，开始有些不耐烦。我排在队伍中，他东窜西跑，不过总是能回来找我。

　　广场上一直播放着节奏强劲的音乐，宝宝随着伴奏跳起了舞，还学街舞的样子，一会儿趴在地上脚抬高，一会儿坐在地上手撑地想跳起来。又过了一会儿，他躺在了地上。我拉他起来。不一会儿，他又趴在了地上。我故意不看他，不想给他过分关注。

　　这时，后面排队的家长说："哟！你怎么趴地上了？在学游泳吗？"我心里"咯噔"一下，坏了！果然，宝宝反而好像受到鼓励一样，马上开始做游泳动作。他的这一举动，还引得旁边的两个男孩也一起趴在地上学游泳。那两个男孩很快被家长制止了，拖了起来。我没管宝宝，他还继续趴在地上玩着。

　　过了一会儿，我开始烦躁起来了，因为旁边的家长都在看我，从旁边经过的人还说："这是谁家的小孩？！""这小孩怎么趴在地上呀？"虽然我心里告诉自己：要强大！要淡定！可是在这样密集的人群、身穿园服的孩子们、所有的家长注视下，我真的淡定不起来！我一把拉起宝宝，抱在怀里。

　　大概我用力有点猛，宝宝愣了一下，看着我说了句："妈妈生气了！"

　　我不希望孩子认为，因为他自由玩耍会让妈妈生气，我开始拼命地想怎么办。我先想到了"不当行为目的表"。很快，我告诉自己，孩子这不属于不正当行为，不应该阻止或者批评他。他只是因为无聊，用自己的方式在玩而已，如果在家里，我还会跟他一起玩。我不会烦，更不会觉得他趴在地上有什么大不了的。我只是有点累，有点着急，并且受不了外界谴责的目光！

　　孩子没有错！那么，是我错了？

　　我顺着这个思路想，越想越肯定，是我错了！

　　我错在：没提前告诉宝宝我们要干什么，只是带着他，一会儿跑这里，一会儿跑那里。

　　参加游戏时我扯着他，他还没有了解清楚游戏规则，我就连跌带撞拉着他参加，有些游戏我拉着他跑一趟，就算结束了。然后，我再拉着他，跑到下一个游戏前排队。玩游戏可以集小红花，贴在一张纸上。这张纸也一直死死地攥在我手里。我说去哪就去哪，孩子没有经过主动思考，也没有决定的自由，完全被动！

如果是我自己，这样被人带着走，又不告诉我干什么，我也会无聊，也会开小差，也会想离开。

想明白了，我就知道该怎么做了。

我蹲下来，把宝宝搂在怀里，问他："宝宝，你知道咱们在干什么吗？"

宝宝说："做游戏。"

我指了一个宝宝比较熟悉的游戏："那怎么做那个游戏，你能教我吗？"

宝宝一下子很兴奋，连比带画地告诉我要怎么做。很明显，刚才玩游戏时，宝宝只是为了配合我，一点也没有这时候的兴奋和积极。

我说："太棒了！宝宝都清楚！"

接着，我把集小红花的纸递给宝宝，对他说："宝宝，这个交给你！接下来，你来带妈妈参加游戏吧！等这个游戏做完，你来决定再玩哪一个！"

宝宝接过纸说："好！"

很快轮到我们了。宝宝非常配合地和我一起完成了游戏！游戏结束后，他举着纸，跑向老师那儿去盖章！这可真出乎我的意料！我还没告诉他要去盖章，看来他早就在刚才的游戏中看到了！

我们以为孩子还小，还不理解我们奔波的目的，其实孩子早就准备好了帮我们分担责任！我的宝宝长大了！

甄颖

"提前说"，看似是件小事，可起到的作用非常大。用具体而清晰的语言，提前告诉孩子接下来要做什么，会给孩子带来很大的安全感！

否则，孩子的事情都由大人安排，虽然大人心里很清楚接下来要做什么，但不告诉孩子，那么孩子的心中依然一片茫然、惶惑。再加上被动地遵从，是最容易发生矛盾的时刻之一。

"提前说"，几乎可以用于一切场合。另一位从"正面管教妈妈"成长起来的"正面管教讲师"梁良，曾很惊喜地分享过她对1岁2个月儿子"提前说"的效果："以前一到要下楼的时候，我儿子就着急，稍微慢一点他就哭，就闹。后来，快到要下楼的时候，我提前告诉他：等一下妈妈要先去卫生间，然后把你的东西准备好，然后给你穿外套、穿鞋，然后妈妈穿鞋。然后我们一起下楼玩。"虽然我儿子才1岁多，可是竟然都明白，耐心地等我做完这些事，不再哭闹了！

"提前说"，就是给孩子机会，让孩子对未来做好准备。所以，"提前说"的语言越详细具体越好。在Linda的故事中，她通过提问"那怎么做那个游戏，你能教我吗？"让孩子对自己已经熟悉的游戏内容提前做好准备。

而后来，将"集小红花的纸"交给孩子，让孩子决定下一个游戏，都达到了让孩子提前预知的效果。

参加游戏运动会，本来就是孩子的事。妈妈通过这样的方式，将事情"还"给孩子，真正让孩子当主角，孩子自然从被动变成主动，从无聊变成了积极、开心！

让「正面语言」成为孩子的「母语」

47

不再影响大人打电话

妈妈：润绮

女儿：婷婷　4岁1个月

儿子：滚滚　2岁1个月

送婷婷上学的路上，姐弟俩在车里玩得很开心。弟弟还学姐姐说些稀奇古怪的词或发声。姐姐说一次，弟弟马上跟着说一次，然后两个孩子相视哈哈大笑……

这时，正在开车的爸爸接到一个电话，需要用蓝牙接听，电话处于扩音状态，姐弟俩嘻嘻哈哈大喊大笑的声音，对方也能听得见。我在旁边小声示意："安静，不要吵！"可他们不但没有安静下来的迹象，还故意捣蛋，说话声量提高很多。爸爸只好很快结束了通话。

我有些不悦地对姐姐说："妈妈现在很不高兴，我知道你们是故意的，觉得这样很好玩，是吗？可是刚才爸爸接电话的时候听不清对方说了些什么。如果换作是你，你会有怎么样的感觉？"

姐姐低下头轻声地说："我会听不到别人说的话。"

我接着说："这样是很不礼貌的,知道吗?下次爸爸接电话的时候,我们应该怎样做?"

"不要说话,嘴巴拉埋链链!"姐姐用拇指和食指捏着在嘴边比画着,示范给嘴巴拉上拉链的动作。

"拉埋链链!"弟弟马上学舌。

"好!这是我们约定的手语。"我说。

正巧这时又有一个电话打进来,爸爸在电话里和同事交代一些公司的事情,我立马比画"拉埋链链"。姐弟俩点点头,然后很有默契地做着"拉埋链链",没发出一点声响,我们三个人相视而笑!爸爸整个过程没有受到干扰,打完电话,爸爸也很舒心地笑了!

电话挂断之后,姐姐自我表扬:"婷婷是个很棒的小朋友!"我也马上表扬他们:"对呀,你们都是有礼貌的好孩子。爸爸通电话时一点都没有受到干扰,很安静!你们真棒!"两个小朋友得到了鼓励,高兴得嘻嘻笑。

几分钟后,第3个电话又进来了。我正在跟弟弟说话,婷婷马上拉拉我的衣角,对我做"拉埋链链"。我马上很配合地闭上嘴巴,直到爸爸通话结束。两个孩子看到我也这么遵守"拉埋链链",惊喜得眼睛放光。

后来,当需要暂时安静几分钟时,我们就"拉埋链链"。

孩子天生就拥有很多"正能量",我们家长要学会的是:如何挖掘,怎样引导,将他们的"正能量"充分激发出来。

甄颖

　　"拉埋链链"是粤语，意思是"拉上拉链"。在下一篇Grace的故事"心形暗号"中说过：如果是家长将"不"语言变成暗号，用来制约孩子，那么这个暗号有可能很快失效。

　　"拉埋链链"这个暗号之所以在润绮和孩子身上有效，是因为这是孩子（婷婷）制定的。另外，当妈妈不守约定时，婷婷将暗号用于妈妈，妈妈立即遵守——这会让孩子非常有成就感，更会促使孩子继续执行。

　　孩子制定+全家执行，"暂时安静"，就这样从"人治"，变成了"法治"——不再需要家长强制，而成为"规定面前，人人平等"。

　　当孩子能够为家人制定规则，并通过有趣的方式表达，还能得到家长的贯彻，孩子就学会了自律和民主。

不再随便插嘴

 妈妈：Grace

女儿：Connie　3岁9个月

"语言表达" 不止一种

　　还没上"正面管教"课程之前，我已经在看《正面管教》这本书了。其中有个理念对我触动很大。

　　"什么是不良行为？所谓不良行为无非是缺乏知识（或意识）的行为，缺乏有效技能的行为或因失望产生的行为等等。而在大多数时候，小孩子做出的只是'与年龄相称'的行为，不是不良行为。在这些所谓的不良行为当中，有一种是孩子为了寻求过度关注，从而获得归属感而做出的行为，但孩子们并不会意识到这是一个错误的行为……"

　　每个人都需要被关注，但过度关注并不是对孩子的鼓励。如何正确引导孩子用建设性的行为来获得关注，并且体验到他们所寻求的归属感呢？书上讲了很多有效的鼓励方式，比如给孩子一个热情的拥抱，比如与孩子约定一些无言的信号……

　　对于这个"无言的信号"，我一开始并不太了解如何运用。

让『正面语言』成为孩子的『母语』

直到在Elly博客上看到了有关"暗号手势"的分享文章后，才有些头绪。后来又通过上"正面管教"课程，更让我对运用"无言的信号"有了深刻的理解。

以前，我常会为Connie的一些"不良行为"感到头疼。比如：她喜欢打断我们谈话。每当我与Connie爸爸在交谈时，Connie总爱在旁边"插嘴"。可我们停下来听她说，她却支支吾吾说不出个所以然。现在通过学习，我明白了她的目的，是想得到爸妈的"关注"而已，只是这个引起关注的方式不恰当。

我和孩子共同约定一个"暗号"

于是，当类似情景重现时，我便停下来与Connie聊："你和妈妈一起来玩个游戏好不好？"

"好啊！"Connie一听很兴奋。

"当妈妈和爸爸在聊天时，你是不是感觉很无聊？因为没人跟你说话？"我先跟她共情，表达对她的理解。

"对呀，没人陪我。我也想说呀！"

"你当然可以说。只不过，可不可以换一种方式说呢？比如，下次当你想说话时，在不打断大人说话的情况下，你做一个暗号或手势，意思是'我想说话'，好不好？用什么暗号好呢？"

"我想到了，就做这个手势吧！"Connie想了想，把双手放在头顶摆出一个"心形"。

"嗯！不错的暗号。对了，妈妈也有个想法，如果妈妈看到你做了这个暗号后，我也回应你同样的暗号，它表示'我知道了，请稍等！'好吗？"

"好啊好啊！"Connie开心地拍手，"妈妈，我觉得好好玩。"

之后，我们马上玩了好几次这个"游戏"，让彼此加深记忆。

"暗号"的成功运用

实例A：一天，我和Connie爸爸正聊天，突然看见Connie把双手放在头顶摆出个"心形"，我微笑着用同样的动作回应，然后继续与Connie爸爸聊。聊了一阵后，我停下来问她："请问你刚才想说什么？"她笑着回答："没什么，我只是想告诉你'我爱你！'好了，你们继续吧！"

实例B：接Connie放学时遇到小朋友Y的妈妈。我们各自牵着小孩讨论有关孩子的事。其间小朋友Y不停打断我们的谈话嚷着要吃零食。这时，Connie停下脚步，松开我的手做了个"心形"手势，并对小朋友Y说："小朋友最好不要打断大人的谈话哟，这样做是不礼貌的。"Y妈妈当时非常惊讶。

实例C：地铁里，Connie小声哼着歌，我想也没想就问她："你在唱什么歌呀？很好听哟。"她看了看我，并没有停下来的意思，只是用两只手摆了个"心形"。一直等她唱完后，她才回答说："妈咪，在我唱歌时，如果你有问题要问，先要这样——我们的'心形暗号'。"

我听完立刻道歉："Sorry，是妈妈忘记了，我不能随意打断别人的，对吧？"

"对呀。"说完她又重新哼唱了一遍刚才的歌。看到我做暗号后，停下来一本正经地问："请问妈咪，你有什么事吗？"我

强忍住笑，回答了她。

实例D：Connie做功课时，总会不经意把头降得很低。我提醒过很多次，效果不理想。我问她有什么好办法，没想到她又提起了这个"暗号"，说："妈咪，如果我下次不记得抬高头时，你就做个'心形暗号'提醒我，好吗？"

"真的吗？可是你在做功课，怎么看得到呢？还有，你怎么知道我要表达什么呢？"

"只要你摸一下我的头，再做'心形暗号'，我就知道了呀。"

后来我们试过好几次，效果都不错。再后来，Connie已经意识到做功课时的最佳姿势，很少再需要妈妈的提醒。

我第一次和孩子约定"暗号"，之所以运用效果很好，我想一方面是因为这个"暗号"是她自己想出来的，调动了她的积极性；另一方面，她在运用过程中，也充分体会到了"自主、自由和自尊"。

甄颖

　　家长们都很喜欢这个工具：暗号。几乎在上完课后，回家立刻与孩子制订暗号。可是一段时间后，很多家长不解地问："我和孩子制订了暗号，也是孩子自己想的，也做到了提前告知。可没用几次就没效果了！"

　　比如，有位妈妈和孩子约好，当5岁的女儿再抢3岁弟弟的东西并推弟弟时，妈妈就说"叽叽和咕咕！"孩子就停止这种不好的行为。"叽叽和咕咕"是女儿想出来的。才用了两天，当妈妈说"叽叽和咕咕"时，女儿"把玩具使劲扔在地上，一巴掌打在弟弟头上！"

　　为什么会这样呢？Connie的妈妈告诉我，这个"心形暗号"一直用到现在，连Connie照相时都喜欢摆这个姿势。为什么Connie的"心形暗号"这么持久有效呢？

　　这个故事里，原因在妈妈。这个"心形暗号"虽然是一个动作，却有两层含义：Connie的"心形暗号"是说"妈妈，我需要关注"；而妈妈Grace的"心形暗号"则是一个积极的回应，"好，妈妈一说完话就给你关注"。并且，妈妈每次都做到了，一说完话就给孩子关注。如果只有Connie的"心形暗号"，没有妈妈回应的"心形暗号"，那么Connie的"心形暗号"恐怕也会很快失效的。

我们不是要将"负面语言"变成暗号，而是将我们的"正面语言"变成暗号。

"叽叽和咕咕"是一个负面语言，它只是换了种方式命令孩子"不要抢！不要推！"所以很快失效。妈妈可以试试像Grace那样，先体谅孩子："你看到弟弟玩，很兴奋很好奇（或者是很生气很嫉妒——取决于具体情况），所以你会抢东西推弟弟。妈妈说你的时候，你更生气了！生气没问题，每个人都会生气，妈妈也会。你不能推弟弟，但可以用其他方式表达你的怒气，比如使劲打充气沙发！下次你再生气时，你希望妈妈做什么暗号，提醒你可以打充气沙发？"

这样就把"不要推弟弟"的负面暗号，变成了"可以生气，可以打充气沙发"的正面暗号。

这样一次次的引导，既能满足孩子需要"关注""权利""自身价值"的心理需求，又能教会孩子用健康恰当的方式表达这些需求。

委屈的孩子说出心里话

 妈妈：王欣

女儿：小睿　3岁11个月

　　昨天下班回家，在小区里看到小睿和邻居小朋友Tina在一起玩滑梯，两个孩子在那里爬上爬下玩出很多花样，非常开心。小睿奶奶和Tina奶奶在旁边看她俩玩。

　　因前两天下过大雨，滑梯顶部还积着水，每次两个小朋友上到顶部往下滑时，都要小心绕过去。后来小睿不想绕了，想踩水，Tina奶奶马上说："不要踩水！"小睿则"回敬"："可以踩，我要踩水玩！"我过来正好听到这个对话，便提醒小睿："好好跟奶奶说话。"

　　小睿没再吭声，这时Tina在旁边告诉我："阿姨，今天奶奶打了小睿妹妹。"我有点惊讶，连小睿爸爸从小到大都几乎没挨过打，奶奶怎么可能打小睿呢？我问小睿："今天奶奶打了你吗？"这时奶奶在旁边有些不悦，用质问的语气大声说："你告诉妈妈今天奶奶打了你没有？是你打奶奶，还是奶奶打你？"

　　小睿还没从"不要踩水"的负面情绪当中抽离出来，这时她面对好朋友的"告状"、奶奶的大声质问、妈妈的疑问，情绪更不对劲，立刻辩解："我没有打奶奶！是奶奶打我！"

我不相信，继续问她："是不是你先打了奶奶，所以奶奶才打了你？"

小睿更生气："我没有打奶奶，是奶奶打我！"开始抹眼泪，要大哭的样子。

与此同时，旁边还站着其他邻居和孩子。我知道，这样问下去，只会让事情发展更糟糕，况且我一直不赞成在人前教育孩子，我得马上带小睿离开现场。于是我平静温和地伸出手对小睿说："妈妈抱抱好吗？妈妈抱你去那边走走。"她同意了。

我抱着小睿，走到另一个安静的只有我俩的地方。我亲了亲她的小脸蛋，让她感觉到我的爱和真诚，经过离开现场、我俩的拥抱和亲吻后，小睿的情绪明显比刚才好很多，我也能感觉到她此刻内心的柔软。

我轻声问她："你愿意跟妈妈谈谈刚才Tina说的关于打人这件事吗？"

她摇了摇头："我现在不想说。"

我说："那好吧，妈妈自己猜猜看好不好？"她点头。

我故意用轻松搞笑的语气让自己频频"猜错"，甚至猜得毫无逻辑，目的是让她放松下来，更信任我，所以，我越"猜"她越乐，猜到后来，我"束手无策"地问她："哎呀怎么办？妈妈真的猜不出来呢，你告诉我好不好？"

小睿笑眯眯地拒绝了："我还是想明天再告诉你。"

我一听，尽管我很想马上知道事情经过，但我更希望小睿能主动、自愿地告诉我。我明白，我现在需要给她的，是耐心、信任和时间。于是我决定把时间定得更具体些，便追问："明天什么时候呢？"

"明天吃完晚饭以后。"

"好，那要拉钩噢，说话算话啊。"小睿笑眯眯地和我拉钩，情绪完全好转，我们走回滑梯，她继续开心地玩。

玩了一会儿，她突然跑到我面前表情神秘地示意："妈妈，你过来。"我弯腰靠近，她贴着我的耳朵小声说："妈妈，我想现在就告诉你。"然后，她开始滔滔不绝地说起事情经过："今天是因为回来的时候，我们走在一个黑洞里，你还记得那个黑洞吗？"

我摇头，一点印象也没有。

她解释："就是那个黑黑的很凉快的洞呀！"我还是想不起来。

她继续说："我觉得里面很凉快，就想坐一下，后来奶奶说有虫子不让我坐，我说根本没有虫子，我要坐，奶奶还是不让，然后我就（生气地）拍了她两下，她也拍了我两下，她拍得要比我重些。"说完她指了指自己胳膊，意思是很疼。

我大概知道了事情的经过，真心感谢小睿告诉我这件事，还问了她三个问题。

问题一："奶奶说有虫子的时候，你看到上面确实没有虫子是吗？"小睿很肯定地说："是的，没有虫子。"

问题二："奶奶可能觉得不干净，不想让你坐，你觉得当奶奶跟你想法不一样的时候，你生气地用手拍她这个行为好不好？"小睿说："这样不好。""那下次再碰到类似的情况你觉得是动手拍她好还是动嘴跟奶奶好好说更好呢？"小睿说："好好跟奶奶说更好。""你可以说：'上面没有虫子，我想坐一下。'"

让「正面语言」成为孩子的「母语」

问题三："奶奶这次生气拍了你，妈妈觉得她的这个行为也不对，她也应该跟你好好说。不过，你还爱她吗？"小睿笑笑回答："爱呀，我还是爱奶奶。"我也笑了："就像有时候妈妈对你生气发脾气，你说也还是很爱妈妈一样对吧？"小睿笑着点头说："是的。"

这就是昨天事情的完整经过，我用了"正面管教"的"抱抱法""七步骤"（简称）、"引导提问"，还有给小睿时间、空间、理解和信任，才会发生后来我完全没想到的，小睿主动过来跟我描述事情的全部经过。如果我当时和奶奶一起当众给她指责和压力，她不仅不会这么平静、客观地把事情经过描述出来，更不会从中反省和认识到自己哪里做得不对，下次如何才能做得更好。

"趋利避害"是每个人的本能。当"错误"发生时，如果孩子收到的信息是"指责和否定"，那他们就会本能地"逃避和辩解"，而不是客观平静地面对和解决问题。我们要做的，就是给孩子创造这样一个"情绪安全"的环境，帮助他们仅仅关注问题本身，寻找最好的解决方法。当负面情绪产生的时候，还要引导孩子学会接纳和疏导它，并练习如何用正面语言来表达。

错误是最好的学习、成长机会，对孩子、对成人，都是。

后记

1. 后来我终于想起那个"黑洞"，是隔壁小区一个室内通道，里面光线很暗也很凉爽。通道一侧有一条较宽的水泥路面，以前我和小睿爸爸带小睿在上面玩过，所以她又路过此地时才执意要再次上去玩。她不能理解为什么对此事爸爸妈妈是允许的，而奶奶却不允许。

2. 关于"奶奶打人这件事"我和小睿爸爸特意私下问了奶奶，奶奶说她觉得水泥路面很脏，不想让小睿在上面玩。而小睿执意要玩，奶奶便不高兴地伸手阻拦，小睿哭闹着从推开奶奶的手，变成拍奶奶的手，奶奶更生气了，想拽她下来，手有些用力，所以小睿认为"奶奶打她"了。

甄颖

正如王欣在故事里写的，整个过程中，她和孩子抱抱、提问等，然而最重要的一环，是王欣在小睿愤怒、尴尬、委屈的关键时刻，对小睿说："妈妈抱抱好吗？妈妈抱你去那边走走。"这是整个过程的转折点。

王欣参加的是"正面管教家长课堂"第一期周末班。那时候，我们还没有现在的几十页中英文教材，我是个生疏的新手讲师。但王欣每周六从珠海坐船到深圳，让我感动。

我们的学员家长不但有深圳本地的，还有东莞、广州、浙江、湖南、北京、福建、河南、江苏，甚至东北各地的。这些妈妈的毅力，是我最大的动力，让我丝毫不敢松懈。

不少家长说："上完课以后，课堂带来的正面力量会慢慢没有了，很容易又被'打回原形'。"

的确，改变多年的习惯需要强大的内心力量。只有给自己时间、耐心，继续练习、实践，渐渐地，这个正面力量就会在心里生根，像王欣一样，在发生"战争"的关键时刻显示出来。

可以迅速安抚情绪的
积极暂停
POSITIVE TIME-OUT

导读

**本章运用"积极暂停"
作为正面管教的主要工具。**

◆ **含义**

发生负面情绪时，从引起负面情绪的场景或事件中暂时离开，在自己觉得舒适的环境里自行调节情绪。这个舒适的空间，可被称为"积极暂停角"。

◆ **关键态度**

感觉更好，就会做得更好。

◆ **技巧**

解释"积极暂停角"安抚情绪的作用，不是用作惩罚，只是安抚情绪；

让孩子选择、布置、起名，孩子参与越多越好；

自己率先使用，让孩子看到效果，要告诉孩子你"会回来"。

即将爆发的怒气在"狗狗公园"熄灭

 妈妈：Elly

 女儿：甄小美　4岁

"狗狗公园"

我不赞成打骂孩子，当孩子行为不端时，我学了一个西方父母常用的方式：time-out（暂停）。甄小美两岁多的时候，比如她不听话哭闹时，我和她爸爸会让她暂停两分钟，希望她停止不端行为，冷静下来。

没想到很快，time-out成了又一个"战争导火索"。一说"甄小美，你现在需要time-out"，她反而哭闹得更厉害，大叫"不要！不要！"让我着实头疼。

一年多前，我学习了"正面管教家长教育体系"，里面也提到了"time-out"。可这个time-out不同，它和孩子的不端行为完全无关，它不需要家长命令孩子暂停，而是孩子自主、积极地"暂停"。

我太喜欢这个新理念了，我立刻取消了甄小美的"time-out"，引导她建立自己的"积极暂停角"。

首先我们找到了甄小美觉得家里最舒服的地方——沙发拐角。接下来，我们布置这个角落，让它具有特殊的意义。我拿了一张大白纸，让甄小美随便画。她用水彩、蜡笔、彩色铅笔画了各种她喜欢的图案和形状。她特别喜欢狗，我们打印出一些她喜欢的狗狗图片，甄小美仔细地贴在大白纸上。然后，我们一起把这幅"大作"贴在沙发拐角的墙上。

最后，我启发甄小美给这个地方起个名字，她想了想说："我爱狗，也爱公园，我要叫它puppy park（狗狗公园）！"我跟她击掌："以后，当咱们生气的时候，先不着急吵架，妈妈也不会惩罚你了。你可以到'狗狗公园'里先待一会儿，你在这里谁也不会打扰你，你会慢慢高兴起来。"甄小美听得眼睛放光。

过了两天，不是"电视时间"，甄小美非要看碟，自己把DVD机和电视打开。我说了两三次，请她关上电视，可她充耳不闻！我走过去，关了电视和DVD机。甄小美生气了，大喊大叫大哭，把手里的玩具狠狠地扔在地上。甄小美的行为让我更生气了，差点对她大吼。很神奇地，我忽然想起了一句话：父母是最近的榜样，孩子的行为是父母行为的影射。我意识到：现在我需要使用"狗狗公园"。

我对甄小美说："妈妈现在很生气，所以我要去'狗狗公园'里待一会儿，我会在那里变得不生气，等一下我会跟你好好说话。"甄小美有些不知所措地看着我。

我坐在沙发拐角上，脸冲着墙上的画，深呼吸。让我没想到的是，甄小美那些稚嫩的、随意的涂涂画画，那些公主、芭比的贴纸，那些狗狗的图片，竟然真的令我慢慢平静下来了！与此同时，甄小美在旁边也慢慢停止了哭泣！

三五分钟后，我站起来，对甄小美说："现在我感觉好多了，不那么生气。我准备好了，咱们聊聊吧，好吗？"甄小美说："好。"然后她坐在我的腿上，我们和好，交谈，沟通……

一场"战争"在即将爆发之前，在"狗狗公园"里，熄灭了，为后面的沟通和解决问题铺平了道路。

后来，当甄小美生气、难过、烦躁时，我就温柔、理智地建议她："我明白你现在很生气，你要不要去'狗狗公园'待一会儿？那里会让你感觉好很多。等你觉得准备好了，咱们就聊聊。"

她自己坐在沙发上，看"狗狗公园"上的图片、贴纸、图画等，渐渐平静下来。然后过来说："我觉得好多了，准备好了。"我通常把她放在腿上，先谢谢她平静下来，并且愿意沟通，然后我们再好好沟通。

"Aroza"

后来搬家，"狗狗公园"没有了，甄小美主动又给自己找了个"积极暂停"之地：她的公主帐篷，里面堆满了毛绒玩具。她给帐篷起的名字叫"Aroza"，说这个帐篷是"埃及人"。每次生气时，不用我说，她就立刻钻进"Aroza"里面。我也利用这个时间让自己冷静。当甄小美离开"Aroza"时，她和我都心平气和。

"Aroza"使用近两年了，我没有问过甄小美在里面做什么。有天晚上睡前聊天，她忽然告诉我："妈咪，你知道吗？如果不是你惹我生气，我就过来找你，你搂着我，亲我，我也不气了。我好爱你。如果是你惹我生气，我就去'Aroza'里面，躺在我的毛绒朋友上面，很软很舒服，还听长颈鹿唱歌，我就慢慢不气了。我也还爱你。"

我紧紧搂她、亲她："我很明白，觉得好感动。咱俩就是这样学会控制自己的怒气呀。我也好爱你。"

甄颖

通过一次一次的使用，我越来越明白"积极暂停"和以前"time-out"之间的本质区别：以前的time-out是惩罚——你行为不端，但这和"关禁闭"很类似，孩子处于被动、被惩罚的状态，孩子可能情绪更糟，从生气变成委屈、愤怒等。

而"积极暂停"，则是一个自我安慰之地，一个情绪安全岛，孩子处于主动，可以自主平复负面情绪，可能从生气慢慢变成冷静、平和。

前者的情绪，对解决问题没有帮助；后者的情绪，冷静平和，才能更加理智，尊重孩子，尊重自己，为更好地解决问题，打好了基础。

洗澡结束"仪式"

 妈妈：Linda

 儿子：宝宝　2岁半

　　宝宝爱玩水，每次洗完澡，怎么让他出来是我的一个难题。

　　今天晚上更是难上加难，这是我第一次单独让他洗澡，并且开了淋浴头给他玩。他拿着淋浴头东冲冲西洒洒，很有成就感，非常兴奋，泡在澡盆里很久不肯出来。我去叫了他几次，他都很坚决地说"不"！后来，我把淋浴头关了，跟他说："妈妈知道你很兴奋，很想再玩多一会。我再给你两分钟时间，两分钟后我们就不玩了，出来好不好？"他答应了。

　　两分钟后，我来到浴室，地上全是他泼出来的水，澡盆里的水已经有点凉了。意料之中的，他仍然不肯出来。我想把他抱起来，可他身上滑溜溜的，又躲着我，抓几次都没抓到。然后我就有点火了，加上担心他着凉，我抓着澡盆，连他带水一起掀翻（我知道不会伤到他）。他又惊又怕，大哭了起来。我用浴巾裹起他抱在怀里的时候，他一直哭着说："妈妈欺负宝宝！妈妈欺负宝宝！"

　　我抱着他，亲他，怎么哄都没用，忽然想起两天前我们选的"积极暂停角"，于是我对他说："那我们去彩虹角安静下来吧。"——彩虹角是我俩的"积极暂停角",那天选的时候,正好这里有包彩虹糖,而且宝宝很喜欢彩虹,所以就起了这个好听的名字。

这还是我们第一次使用。我把宝宝抱到了彩虹角,很奇怪的,像有一种神奇的力量,宝宝停止了哭泣,还坐下来擦擦脸对我说:"不哭了!"

我很高兴,觉得彩虹角真是有一种神奇的安抚作用!

其实暂停角在"正面管教"第一课就学到了,但回家第一次跟宝宝讲的时候,宝宝还不能理解,没听完就跑掉了。他毕竟才两岁多一点。

我把这个问题带到课堂上,Elly说,要跟孩子讲清楚暂停角不是用来惩罚的,而是让我们平静并开心起来的地方。孩子如果太小,这个暂停角就可以由家长率先使用,并且让孩子看到效果,知道这是一个我们不高兴的时候可以去待的地方,并且在里面会让我们高兴起来。

在两天前,我终于找到合适的机会,照搬书上的话对宝宝说了暂停角的作用,还让他选择了地方——就是我书房的飘窗。我起了"彩虹角"和"彩虹屋"两个名字,宝宝选择了"彩虹角"。然后我们还在这里看了会儿书、做做游戏,直到我俩兴高采烈地出来。

真没想到今天就用上了,而且效果这么好!

我亲亲他,起身去给他倒水。远远地听到他在喊我,说着什么。我走近问他说什么。宝宝说:"刚才洗澡时间太长了,妈妈不高兴了!"我惊讶极了!

宝宝又说:"以后不洗这么长时间了。"哇!我觉得太神奇了!这是他第一次主动地、正面地承认错误并且提出如何改正!我抱着他,亲吻他,对他说:"宝宝说这些话让妈妈好感动!"

后记

有了这次的经验，后来我想办法，把每次洗澡的结束当成了游戏。同样是把盆子掀翻，但已经不再是生气的举动，而是让我们都快乐的游戏！当宝宝已经洗了足够长时间后，我就跟他说："我们要玩冲浪了！"然后他会抓紧盆子，我把盆子慢慢掀倒，宝宝顺着水流滑到盆子边，好像在玩冲浪一样。水倒完，宝宝也站起来了，他乐得咯咯笑，并且很期待下一次！

快乐就这么简单，看你想不想寻找！

甄颖

不论年龄多大，人们在生气、郁闷、失望时，都不是解决问题的时候。同样，家长生气、烦躁、烦闷时，也不是纠正孩子行为的时候。

当务之急，是先让自己冷静。一个自己喜欢、舒服的地方，是最适合冷静的地方。

感觉更好，才能做得更好。从"积极暂停角"开始，先让自己感觉更好吧！

疲惫的妈妈控制不住情绪了

 妈妈：海冰

 儿子：小鱼　4岁

上次"正面管教"课程的内容有"积极暂停角"。我们家很久以前已经设立了，取名叫"沙滩"——是书房里的一个小沙发。因为小鱼特别喜欢玩沙子，所以取名"沙滩"。"沙滩"就在他的故事书架对面，他喜欢看故事书，这样他能随时取到他的书。

"沙滩"设立挺长一段时间了，可使用效果却不好。每次我自己需要暂停的时候，小鱼死活都不让我一个人待在那里，像橡皮糖一样黏着我。显然，他在我旁边，我无法让自己"暂停"。

课上我提出这个问题，得到了答案。昨天中午，我又使用了"沙滩"，成功了！

中午，因为小鱼睡午觉的事情，我很不开心。我告诉小鱼："妈妈现在心情不好，没法控制自己的情绪，需要去书房'充电'一下。"和往常一样，小鱼不同意，跟着我来到书房，一边哭一边说："妈妈，我不哭了，我在旁边看着你，你玩电脑，我不会打扰你的。"

　　这时，我用课上学到的新方法，先跟小鱼共情，我说："妈妈知道你不想和妈妈分开，让你离开书房，你很伤心，很没有安全感，感觉要和妈妈永远分开一样。你想和妈妈一直待在一起。可妈妈需要一个人单独待一会，请你回到房间去，妈妈'充好电'就马上会回来，和你开开心心地一起玩。"这时，小鱼的哭声小了。我又接着说："妈妈永远都是爱你的，只是有时候妈妈不能控制自己的情绪，所以妈妈需要'充电'。如果你现在回到房间，妈妈只需要两分钟就能充好电了。你继续待在这里的话，妈妈需要很长时间'充电'。如果你想快快见到一个开开心心的妈妈，就请你离开书房，回到房间去。"

　　小鱼慢慢离开，走到门口时，我说："请你帮我把门关上，谢谢！"小鱼听话地把房门关上，然后又打开说："妈妈你要快快地'充电'哦！"

　　我一个人在"沙滩"上，心情放松了不少。很快平息了自己的负面情绪。过了一会儿，我出了书房，带着微笑，和小鱼拥抱。我愉快地结束了这次"战争"！

　　没想到，第二天小鱼就给了我惊喜。第二天吃早餐时，小鱼忽然说："我心情不好，一会回来！"然后自己跑去玩玩具。不到两秒钟，又跑回来，说道："我充好电啦！"

　　我对"积极暂停角"的使用，立刻影响了孩子！

甄颖

　　"正面管教家长课堂"第一节，大家就通过一个非常简单、有趣的活动学会最关键的态度：行大于言。

　　如果妈妈一生气就大吼、发飙，那恐怕很难教孩子学会用合适的方式控制自己的情绪。而当妈妈生气时，先选择"积极暂停"，可能什么都不用跟孩子说，孩子就能学会情绪疏导和控制。

　　"沙滩"至今还在海冰家使用，而且还衍生出一个"便携人体沙滩"——当小鱼和妈妈在外面生气时，海冰就会坐下来，伸开双臂双腿，成为小鱼的"便携人体沙滩"。小鱼只要坐进这个"沙滩"，就进入了他的"暂停时间"，他的"安全岛"。

　　我相信，"沙滩"将会是小鱼最美好的童年回忆之一。将来，他也会言传身教地教给他的孩子。

可以迅速安抚情绪的积极暂停

导读

**本章运用"选择轮"
作为正面管教的主要工具。**

◆ **含义**

选择轮是在遇到不可调和的问题时，提供几个其他选择，这些选择是孩子和家长共同提出的。选择轮能将不可调和的问题转化成孩子自己能够解决的问题。

◆ **关键态度**

给予孩子有限的权力；关注解决方法，而不是过分追究原因或责任。

◆ **技巧**

选项是家长和孩子都能接受的；
鼓励孩子或和孩子一起"头脑风暴"；
最后加一句"你来决定"。

◆ **制作过程**

1. 和孩子坐下来，启发提问孩子："当问题出现时，例如不愿意按时起床、不想停止看电视、不想写作业等，你觉得自己可以有哪些解决办法？"

2. 用"头脑风暴"的方式提出各种解决方法，然后引导孩子选择可行的解决方法，把孩子的答案写下来；

3. 用硬纸做一个圆盘，按孩子的答案分成等份；

4. 请孩子将刚才纸上的答案写或画在圆盘等份上；

5. 请孩子将"选择轮"挂在他觉得方便的地方；

6. 整个过程孩子参与越多越好，让孩子做主；

7. 除了"轮子"，"选择轮"还可以有其他的形式，如"选择卡"。

牵着妈妈不放手的小客人

 妈妈：王欣

 小睿　3岁6个月

不愿离开妈妈半步

　　过年回老家，同学请大家去聚会吃饭。下午睡醒觉后，我跟小睿解释，并让她选择："你晚上想和爸爸妈妈一起去夏叔叔家吃饭，还是想和外公外婆哥哥在家吃饭？"小睿想都没想就回答："我想和爸爸妈妈在一起。"

　　我没有继续和小睿解释，以为她都明白，以为不会有问题。

　　然而，从我们上了夏叔叔的车开始，小睿的眉头就皱了起来，扁着小嘴，紧紧贴着我。我让她向叔叔阿姨问好，她也不愿意，嘴里哼哼唧唧的，一副很不高兴的样子。"这变化也太大了吧？"我心想，"刚才在家还兴高采烈的呢！"

　　到了夏叔叔家里，爷爷奶奶迎了上来，小睿仍是愁眉不展，既不愿叫人，也不愿离开我半步。

　　我跟大家打了个招呼，抱着她找了个安静的地方，让她坐在

关注解决方法的选择轮

我腿上："宝贝，你看上去好像很不开心的样子，是不是因为对夏叔叔家和所有人都不熟悉，所以你觉得不舒服、不自在？"

小睿没吭声，我继续跟她共情："妈妈知道你其实并不想来夏叔叔家的，对吧？但因为想和爸爸妈妈在一起，所以你才选择过来，对吗？"她微微点了点头，还是没吭声，但情绪稍有好转。

接着，我一边亲她，一边跟她说我有多爱她，还告诉她今晚是爸爸妈妈和同学聚会，要吃完饭才能回家。说完这些，我试着转移她的注意力，和小睿爸爸一起带她参观漂亮的新房子，看新奇可爱的家居装饰。这时小睿的身边只有爸爸妈妈，她放松下来，逐渐恢复到开心的状态。

牵着妈妈的衣角

吃饭时，和一大群陌生长辈坐在一起，小睿马上又变成那个"皱着眉头、扁着小嘴、小手紧抓着我衣袖不放"的小孩。大家问她想吃什么，她什么也不说，我夹了半碗菜、盛了半碗饭，放在她面前，她摇头不吃，只是坐着，仍然紧抓着我衣袖。

她的状态也影响了我的心情，我也觉得不高兴。但是，我在心里告诉自己："不要觉得尴尬，孩子比面子重要，要真心站在小睿的角度，理解和接纳她的情绪。"

我转头平静地问小睿："你看，碗里有这么多好吃的菜，你自己拿筷子吃，好吗？"小睿仍摇头，我试着把她紧抓我衣袖的手拿开，她不愿意。我作出了一些让步："你可以牵着妈妈的衣角，这样就不会影响妈妈吃饭。"于是，她的手挪到了我的衣角。

我又问她："你肚子饿吗？想不想吃这些饭菜？"她摇头。我没有生气，也真心觉得她不饿，便给了她一个选择："你是想现在吃饭，还是想晚上回家喝牛奶？"她选择晚上回家喝牛奶。我指了指客厅一桌的零食问她："你没有吃饭，等一下要吃那些零食吗？"她摇头。我平静地说："好，既然你不想吃饭，那你就自己去玩吧。我们大家要吃饭了。"她终于松开我的衣角，自己下去玩了，这是她一晚上第一次松开我的衣服！

越吃越开心　越来越放松

她看了一会儿《猫和老鼠》动画片，旁边一桌子的零食，她看也没看！大人在客厅尽兴地吃着、聊着。

半个多小时后，她跑过来告诉我，想回家喝牛奶。我知道她饿了，但大家还在聊天，不可能马上回去。我再次建议她吃饭，没想到，她一口接一口，吃了两碗饭、好多菜，还有大半碗汤！越吃越开心，状态也越来越放松，又恢复在家里的活泼状态！吃完后，又笑又跳，见谁都喊。

接纳她的情绪给她尊重

如果一开始，我给她压力，训斥她、强迫她，那么我俩都不会开心，甚至会影响其他人的心情。好在我学了"正面管教"，并坚持在生活中练习、运用——我接纳她的情绪，不给她压力，只给她尊重和选择。结果，她不仅可以做自己情绪的主人，还可以自由地做最舒服的自己。

从这件事情当中，我还学习到：

1. 下次去陌生地方和见陌生人，不仅要给小睿简单选择，还要跟她一起讨论关于"陌生地方和陌生人"有可能产生的情形。前期的心理铺垫可以做得更详尽。

2. 如果真的决定不吃晚餐而决定回家喝牛奶，就要具体到"什么时间"。"回家喝牛奶"只是一个方向，没有具体时间，操作起来就会容易被当时的情况所"妥协"。

甄颖

从这个故事中，相信很多人都在王欣身上看到了冷静，看到了对孩子的理解和尊重。然而，我想特别指出的是，王欣给孩子的选择。

"正面管教"中的选择，有个很重要的因素：选项是孩子和大人都能接受的。

比如，我们不能接受孩子不归还别人的玩具，我们问孩子："把玩具还给小姐姐吧！好不好？"孩子的回答通常是："不好！"因为，"好"等于归还，孩子不能接受；"不好"等于不归还，家长不能接受。这都是无效选项。

这时候我们可以换其他方式问，例如："你打算5分钟后还，还是7分钟后还""是你自己去还，还是妈妈跟你一起还""是夹在下巴上还，还是夹在胳膊底下还？""是向前走过去还，还是倒着走过去还"，等等。

而这个故事中，王欣问的"好不好"——你自己拿筷子吃，好吗？想不想吃这些饭菜？——虽然也是"好不好"的选项，却不是无效选项。因为，"不好"（不想自己拿筷子吃，不想吃这些饭菜），是王欣能接受的选项。因为她明白"孩子比面子重要，要真心站在小睿的角度，理解和接纳她的情绪"，所以能真心接受小睿当时不自己吃饭、不想吃饭。

当孩子逐渐有了自己的意识，常常出现：即使我们给了双方都能接受的选项，孩子却哪个都不选！尤其是与日常生活、吃喝拉撒睡有关的事情。这是因为：选择，是给孩子有限的权力。而孩子在这些早已熟知的事情上，需要更多的权力和自由。这一点，后面会继续聊。

写这篇文章的几个月前，王欣还为了对孩子发脾气而后悔到掉眼泪。现在，她的内心不仅越来越平和、柔软，而且更有力量。

"她不仅可以做自己情绪的主人，还可以自由地做最舒服的自己。"有多少成人能够这样生活？！有这样的妈妈，是小睿的幸运和幸福。

我们试着从生活中对孩子抓得很紧的事情上，给孩子自行选择，慢慢地拓宽孩子的成长之路，对孩子说："你来决定。"

和爸爸玩过头

 妈妈：海冰

 儿子：小鱼　4岁

　　小鱼是属于玩起来就很容易兴奋过头的人，所以经常和爸爸玩着玩着，就不按常理出牌了。惯用的动作，是将爸爸的眼镜摘下来扔到地上，要不就是对爸爸实施一番"暴力"。这个问题沟通几次都没有好效果。

　　后来我学习了"正面管教"，明白了：不是一上来就改变孩子的行为，而是先理解孩子的情绪，然后关注解决办法。我还运用学到的一个很有趣的方式——"选择轮"，轻松地解决了这个问题。

　　我和小鱼进行了一次认真的谈话：

　　"鱼儿，妈妈想跟你聊一聊，就是你和爸爸玩得太开心的时候，你控制不住自己的行为，希望我们能一起找到解决办法，可以吗？妈妈保证不责怪你，我们都不互相抱怨！"

　　"好吧！"

　　"当你和爸爸玩得开心的时候，你突然将爸爸的眼镜摘下来扔到地上，或者是和爸爸扭打在一起，你当时是什么感觉呢？"

“好玩！”

“嗯，鱼儿觉得把爸爸的眼镜扔到地上很好玩，和爸爸扭打在一起也很好玩。你希望爸爸陪你一起疯玩！”小鱼听得很认真，不断点头。

我又帮助小鱼理解爸爸：“你知道爸爸的感觉吗？”

“不开心！”原来小鱼知道！

“嗯，是的。当你把他的眼镜扔到地上，他很不开心。你和他疯玩的时候，将他的脸弄伤了，他也很不开心！”我说到这，并没有接着责怪小鱼，而是话锋一转，关注解决方法：“那我们能想一想吗？怎么样才能既可以和爸爸开心地一起玩，又可以不扔爸爸的眼镜和不把爸爸弄伤呢？”

小鱼果然保持了情绪平和，跟我一起开始了“头脑风暴”。只用了几分钟，我俩就想出了15个办法，可以既让小鱼开心，又不弄伤爸爸。在15个方法里，只有“和小鸟说话”是我想的，其他都是小鱼自己的主意！我实在非常惊叹孩子的创造力！

我接着问小鱼：“我们想了这么多办法了，够了吗？”

“够了！”

“那我们一起来看看哪些方式是可行的，能让你开心地和爸爸一起玩！”然后我一边念清单上所写的，一边问：“可以吗？”

小鱼自己选择，打钩的项目是小鱼说可以的，打叉的表示不可以。

“可行的办法选好了，那我们一起来将它们做成‘选择轮’吧！”

“好呀，好呀，我去拿工具！”小鱼非常高兴，拿来剪刀、硬纸壳、彩笔、胶水等。

　　我帮小鱼剪出圆形，帮他画出等份，然后他自己在每个等份里画画，我只在旁边引导："我们用什么来表示三明治呢？"

　　"就画三明治。"

　　"举重呢？"

　　"用动作示意，我画一个举重的工具出来。"

　　"看故事书呢？"

　　"书。"

　　"玩玩具呢？"

　　"积木。"

　　"洗脸？"

　　小鱼将双手伸出来，示意我用一双手来表示洗脸的动作。

　　"蹦蹦跳跳呢？"

　　小鱼想让我画出跳跃的动作，可惜我画不出来，我提议："我们用小兔子来代表蹦蹦跳跳可以吗？"小鱼欣然同意。

　　"跑步呢？"

　　"画一个人在跑步！"

　　"和妈妈拥抱呢？"

　　"手手围成一圈！"我帮他画了一个大心套小心。

　　八个选项都画好了。我问他："小鱼，你来决定，把'选择轮'放哪里呢？"

　　"卫生间！"这个地方让我意外，不过只要他愿意，是他的"选择轮"，当然尊重他的决定。

　　这一段时间用下来，效果还不错。有一天，小鱼爸爸说："嗯，我有件事，也要和鱼儿做一个'选择轮'！"看到连老公都潜移默化地受到正面影响，我心里高兴极了。

甄颖

孩子天生情绪诚实，只不过，他们只会用天生的方式表达，就像最单纯最本质的小动物一样。家长的责任，就是用孩子可以接受的方式，引导孩子学会理智思考和理智行动。

海冰没有因小鱼跟爸爸玩过头而责备他，只是理解孩子的情绪，并帮助孩子理解爸爸的情绪——兴奋情绪没问题，但兴奋时的行为不能被接受。然后引导小鱼：哪些兴奋时的行为可以接受呢？

情绪保持平和的小鱼，想出了14个办法——解决方法永远比问题多！

工作时孩子不再缠妈妈

 妈妈：于静

 女儿：妞妞　4岁

在"正面管教"课堂上，我学到了"选择轮"，感觉对于我的现状非常有用。我是全职妈妈，但做了两份兼职工作，经常忙得像无头苍蝇。女儿希望我能专心地陪她，而我却常常无法从手头的工作中脱身。于是我想试试看，"选择轮"能不能帮到我。

我跟女儿解释了什么是"选择轮"，没有搞更花哨的形式，只是把一张大大的素描纸平均分成了8小张，让她自己想：妈妈工作的时候，她可以做什么事情？

刚开始女儿有点稀里糊涂，不知道怎么办。我启发她说："你可以画画呀，搭积木呀，只要是在家里，不会影响到妈妈打电话的事，你想做什么都可以。"

听我这样一说，女儿参与进来："我要看书！"我说："好呀，你有那么多好看的故事书，你可以自己安静地看书，等妈妈忙完工作了，还可以给你讲故事。"

她变得开心起来，参与度马上提高了："可是搭积木会有声音的，我摆得高高的，轰的一下倒下来，很吵的！"

"没事，你可以在积木下面垫一条毛巾，让它倒在毛巾上，就不会吵到我了。"她很高兴地接受了这个解决方案，又开始开动脑筋，拿起笔毫不犹豫地画起来。

第一幅：竟然是写作业，一个小人坐在那里拿个铅笔在写东西。我的心里小小痛了一下，不到5岁的小人儿，已经开始有写作业的压力了。不过我没说什么，由着她随便画，我帮她在画好的画上写上字。

第二幅：她最爱的看书，还是一个小人儿坐在那里，拿着一本书，还真挺形象。

第三幅：手工。她还专门讲解了一下，一个小人儿一只手里拿着剪刀，一只手里拿着胶水。后来，还画了搭积木、画画、看电视和滑旱冰。

最后还剩下一张纸，她自己想了想说："我还可以帮你擦地，这样你就不会太辛苦了！"说完唰唰几笔，画了个擦地的小人儿，那表情，实在是太形象了！

5分钟不到的时间，一套"选择卡片"就做好了，女儿马上要求我假装在工作，她来抽一下选择卡片。我们开始玩，她抽到的是一张看书的卡，女儿装模作样地看了本书；又抽了一张看电视的，女儿又装模作样地说："妈妈，今天我已经看过电视了，再看我的眼睛会看坏的，我可以再抽一张别的吗？"

假装玩了几次就到了做饭时间。我解释说我要做饭了，请她真的抽一张，这次真的抽到了看电视，女儿也就真的没有看，主动要求重抽一次。这一次抽到了画画，她开心地说："妈妈，我要画胶画！"我说："好的，画完了可以把你的画送给我当礼物吗，我最爱你的画了！"她开心地跳起来说："好的，你等着瞧吧，我给你画个最最漂亮的！"并且，这次不用我提醒，她主动地说："妈妈，我会小心不弄脏衣服的，这样你就不用很辛苦地天天洗衣服了！"

于是，她去安安静静地画画，我也安下心来去做饭，饭没做完，就收到了她的图画礼物，同时送出一个大大的拥抱，两个人都度过了愉快的时光。

甄颖

很多家长都面临"自己时间"和"孩子时间"之间的冲突。既想要给孩子最多的有质量的时间，又要兼顾自己、做自己的事情，常常会觉得心力交瘁，难以两全。不论是全职还是在职，这是很多妈妈面临的主要难题之一。

有了问题，不需要太过追究原因或责任，例如："都是因为我孩子太黏人"，或者"孩子只愿意我哄她睡觉，不要别人"，或者"因为什么原因，我做不到长时间陪伴孩子"，等等。我们会发现，即使找到了这些原因，要么是已经过去的事情，我们无法重新来过；要么是别人，我们无法控制和改变，几乎于事无补。

我们应将注意力集中到解决方法上。

这个故事中，于静引导女儿找到了"妈妈工作时，我可以做什么"这个问题的多个答案，制作"选择卡"和执行都非常容易。

有可能出现的难题，会出现在"长期执行"的问题上。因为新鲜感，孩子会执行一段时间。当新鲜感过后，妈妈再需要不被打扰地工作时，孩子有可能不想选择卡片，而执意要求妈妈的陪伴。

这时候，妈妈可以试试这样：先跟孩子共情，理解孩子的感受：无聊、渴望妈妈的陪伴；然后对选择卡片的失效全盘接受：这个选择卡片现在不太有用了，没关系。我们谢谢它以前带给我们的平静和快乐。毕竟事情和我们都在变化，这很正常。接下来可以调整或制作一个新的"选择轮"，或者选择风车、选择信封等（形式由孩子决定）。这一次针对新的情况删减或增加新的方法。同时，每个解决方法可以具体到时长，例如听音乐10分钟、去邻居家玩20分钟、看书25分钟等，时长由孩子决定。

妈妈也需要调整自己的期望值，明白不能要求这个年龄的孩子做到自己玩耍一两个小时；调整自己工作的方式，将需要长时间的工作，调整至孩子不在身边或孩子睡觉的时候进行。

当孩子做到了以后，妈妈一定要给予恰当、及时、具体、事实描述性的鼓励，例如："刚才那25分钟，你没有要妈妈陪你，而是自己看书。我明白这对你来说并不容易，而你做到了，这就是独立的开始。"

这样，慢慢地，孩子就会明白：自己独处，不但能给妈妈带来好处，更能给自己带来成长和好处——这就是将解决方法坚持下去的内在动力。

女儿的"选择轮"平息了我的怒气

 妈妈：李娟

 女儿：多米　4岁5个月

　　放学后，多米见到妈妈的第一句话是："我爱你妈妈，我想了你一整天！"顿时，我的心被融化了："宝贝，我也爱你。"

　　回到家，我突然想起"正面管教"第3节课的"选择轮"还没做。见多米心情大好，便想抓住这个好时机。

　　我在多米身边坐下来，问她："宝贝，我俩一起来制作'选择轮'吧！"多米不解地问："什么是'选择轮'？"

　　"嗯，当你不愿意起床的时候，你觉得你可以做什么事情，能让你高兴、开心？"

　　多米睁大眼睛："画画可以让我开心。"

　　"嗯，好。"我接着又问，"除了画画，还有做什么事情能让你开心？"

　　多米不假思索地说："捉迷藏！"

　　"太好了，你看我们这样好吗？我们把能够让我们开心的事情画出来，组成一组扑克牌。以后，如果遇到什么让我们不开心的事情，我们就在这组扑克牌里任意抽一张，按照上面的方法去做。做自己喜欢的事情，也许会帮助我们的心情变得轻松愉悦，你说呢？"

多米非常乐意，立马从自己的纸箱里拿出几张彩纸，每张一开四份，开始制作"选择轮"。

第1张：她画了一个人头，张着大嘴巴。我问："这是什么意思？"

"这是深呼吸，当你生气的时候做一些深呼吸，会好很多！"——啊，这不是我教她的方法吗？多米竟然学以致用，我暗暗高兴。

第2张：我要画画——她最喜欢做的事情之一。第3张：我和妈妈去散步。第4张：我要捉迷藏——我们家最常上演的戏码。画完4张，多米要求我也参与，由我来画。第6张：我要看动画片。第8张：我要跺跺脚。第9张：我要吃棒棒糖 ——垃圾食品，她的大爱。

其中第5张：我要唱英文歌。当她意识到把C写反时，幽默地说："妈妈你看，这个C生气了，背对着D呢！"我笑："嗯，没关系，等C心情平和的时候就不会这样了。"

第7张：我要数数。当写"4"时，多米又在描述"4"在跳舞，还有"7"也写反了，没关系，只要她自己明白就好。

一共9张"选择扑克牌"，按照多米的答案，我俩一起参与制作完成。期待我俩以后可以使用到"选择扑克牌"。

第二天早上7点，闹钟准时响起，我到多米房间，把闹钟关掉，闹钟的声音并没有叫醒她。我想，这时直接叫她起床，不会有好结果。

我决定用"正面管教"里的新的方式"拥抱"和"心连心"。

这时，多米迷迷糊糊地睁了一下眼，立刻闭上同时来回扭身子，显然没有完全睡醒，我抱住她，轻吻了她一下。没想到，她猛地给我一巴掌！顿时，我被打蒙了，两眼直冒金星！当时真想一巴掌打回去！

但是，理智告诉我：不能这样，这时需要冷静、再冷静。我站起来，转身走到阳台，开始收拾东西，同时深呼吸并倒数10、9、8……脑子里飞快地想：我该怎么办？也许，昨天晚上的"选择轮"对我有帮助。

我回到多米房间，从"选择扑克牌"里抽一张出来，是"我要数数"。我开始数：1、2、3、4……慢慢地，我的怒气减少了，心情真的变得平和起来！

就在这时，我听见多米的爸爸还在哄劝多米洗脸，多米则在不停地重复："我要妈妈给我梳头，我要妈妈给我梳头……"从她的声音里，我能听出她很需要我。我走过去，蹲下来，托住她的脸："宝贝，妈妈刚才非常生气恼火。不过，我现在已经调整好了自己的情绪。妈妈使用了我俩昨天做的'选择轮'，我抽了一张'我要数数'，接着妈妈按照上面的做了，现在感觉真的好多了。"

多米眼里含着泪，满脸的愧疚："妈妈，对不起，我刚才不是故意的。"

"嗯，妈妈知道你没睡醒，你觉得很难过，还想睡一会，就被妈妈吵醒了对吗？"没等我说完，多米紧紧地抱住了我！

我把她拥入怀里，所有的郁闷和不开心都融化了。今天，我自己使用了"选择轮"，化解了自己的负面情绪。多米也真实地表达了自己的内心，主动和我道歉。

整个过程，和善而坚定。

甄颖

在我的课堂上，"选择轮"得到很多家长的喜爱，我们也在课堂上请家长现场制作"当我出现某个问题时，怎样让自己感觉好起来"的"选择轮"：来自江西的两个孩子的妈妈丁娟，用彩笔画了一张"迷宫图"，每条不同颜色路线的尽头就是一个解决方法；来自深圳的妈妈徐进制作了一个"汽车仪表盘"，不同公里读数，是不同的解决方法；来自深圳的三个孩子的妈妈王娟，引导两个大孩子分别做了一个"乒乓球箱"和一个"求签筒"，不同的乒乓球和竹签上，写着不同的解决方法；来自长沙的妈妈肖莉，将不同的解决方法，装进多个红包里……家长们的创意经常让我惊叹！

每个人的生活都会出现问题，当我们面对问题，有多个解决方法，这是我们的幸运。我们学会了这个方法，就能教给孩子。渐渐地，孩子就会不怕困难，勇于面对，越来越坚强，越来越智慧。

关注解决方法的选择轮

威威不高兴的时候有"选择轮"帮忙

 妈妈：虫虫

 儿子：威威　2岁8个月

2012年5月，我刚上"正面管教"课，学了"选择轮"，觉得非常有趣。回到家想和威威做一个。

当时威威不到2岁，我问他："你觉得不开心的时候，怎么才能让自己开心起来呢？"他回答："不知道。"不管我怎么引导，他的回答都是"不知道"。

我不甘心失败，于是自己说了"看书""画画"等八个答案。然后，我拿了一个废光盘，在上面贴了一张白纸，分成八等份。在每等份里画了简笔画，还写上字。又在墙上粘个挂钩，把做好的"选择轮"挂在上面。

整个过程，威威只是在旁边看着。这个"选择轮"，他一次都没用过。

2012年10月，我成为一名"正面管教家长讲师"。我更加深刻地理解："正面管教"不是家长强行改变孩子，而是家长先改善自己，进而影响孩子。我明白了，之前那个"选择轮"并不是真正的威威的"选择轮"，因为我还没有给威威养成独立思考的

习惯，当时也没有给他足够的时间思考，威威没有参与，所以对使用它一点兴趣也没有。

几个月后，我决定引导2岁8个月的威威做一个自己的"选择轮"。

这次，我拿来笔和纸跟威威说："我们再来做一个你不开心时候的'选择轮'吧。你来说，我把你的选项都记下来，咱们一起制作。"他不置可否。我接着问他："你觉得，当你不开心的时候，有什么事情可以让你变得开心起来呢？"

因为这几个月来我经常对威威启发提问，这次他没有再说"不知道"，而是歪着小脑袋想了一下，说："不哭。"这使我很惊奇，原来他明白：哭不能让自己开心，而不哭，是开心的第一步！

我接着问："还有吗？"

他又说："抱抱妈妈"——这个答案让我的心瞬间融化！

"还有吗？"

"看到妈妈……还有看到爸爸！我看到你们就开心了！"——我的心再次融化。

我亲了亲儿子："还有吗？"

"去隔壁家玩……还有还有，威威做饭！"我把这些都写在纸上记下来（他说的"威威做饭"指的是在厨房用玩具做饭）。

接下来威威还说了"耍金箍棒"——他最近超迷《西游记》。

就这样，他一口气说了22个选项！全是他自己想的！

我惊讶得张大了嘴巴，觉得不可思议。就在8个月以前，不管我问什么他都是"不知道"。现在不到3岁的他，自己想到了22个可以让自己从不开心变成开心的办法！

我又引导他选出了可行的方案，除去了"去动物园"等不可行的选项，剩下12个。和威威一起制作的过程也让我有很大的启发。我又用了习惯的方式——我帮他画，并写字注解。我刚画好第二个选项，正要写字，威威在旁边跺脚："不要写字！不要写字！"我意识到：怎么又回到老路上了呢！这是威威自己的"选择轮"啊，应该他自己做啊！

我把画笔交到他手上，引导他："搭积木，你想用什么颜色的画笔啊？积木是什么样子的啊？"威威选了一支画笔，自己创作。最后全部自己画完。虽然只是一些圈圈和简单线条，但明显每个图案都不相同。我一个个问他，他完全知道自己画的是什么！

我释然了，孩子自己制作的"选择轮"，就算其

他人看不懂，又有什么关系呢？转"选择轮"本身就是一件开心的事儿啦！

从那以后，威威不开心了，我就提醒他："可以转转'选择轮'！"他跑过去，转一下，按照转到的选项行动！这第二个"选择轮"异常"受宠"，有时即使他没有生气，玩着玩着，也会自言自语："我去转转我的'选择轮'吧！"然后告诉我："妈妈，转飞'选择轮'就能让我很开心啦！"哈哈，转"选择轮"本身也成了一个让威威从不开心变成开心的选项！

两个"选择轮"的不同命运，让我体会到了孩子参与的重要性，也让我明白了，要放手相信孩子，孩子会给我们很大惊喜！

后来我在课堂上和我教的家长们分享这件事，很多妈妈觉得很惊讶：不到3岁的孩子就能自己想出22个办法！孩子有了解决问题的能力，他的人生道路会变得多宽广啊！

甄颖

以往我们教了"选择轮"以后，会给学员家长留"家庭作业"，请家长回家指导孩子做一个"选择轮"。但不少家长要么还没有完全理解，要么不擅长引导，要么事情太多忘记，完成引导和制作的家长通常是少数。

后来我用了新的方式：请家长在课堂上，为自己做一个"有负面情绪时的'选择轮'"，要求也很有趣："选择轮"上不能写字，只能画画。效果非常好！

家长们用彩纸、画笔等工具，每次都制作得兴致勃勃。他们的创意也令我啧啧称奇：有位妈妈做了一个"堵车时的选择千米表"，是一个用彩色卡纸制作的汽车里程表，"指针"指着不同千米数对应的解决方法；有位妈妈制作了一个"生闷气的选择红包"，在7个红包里装进7个不同的解决办法，其中涉及用钱的，比如洗头，就装进需要的钞票；有位妈妈制作了一个"疲劳时的选择签"，是将一把竹签放在一个竹筒里，求签似的摇一摇，就掉出一个解决方法；有位爸爸做了一个"无聊时的选择镖"，在家里飞镖盘上画上不同解决方法，一镖飞过去，看看扎中什么解决方法；还有位妈妈制作了"坏心情时的选择迷宫图"，不同颜色的路线通往不同的解决方法……

制作时，每位家长都全神贯注，脸上专注的神情，和做手工的小朋友一模一样！制作完成后，有的家长是"素描派"，有的家长是"工笔派"，有的家长是"印象派"，但都把自己的"作品"当作宝贝，没有人比较，没有人介意别人是否看得懂。

家长们学会给自己制作"选择轮"，并自己使用后，自然而然就能教会孩子们制作"选择轮"！

建立成就感和归属感的

惯例表

ROUTINE CHART

导读

本章运用"惯例表"作为正面管教的主要工具。

◆ **含义**

惯例表，就是把日常应有的行为习惯，通过书写、画画等方式表现出来。它还有不同的名字：日程表、规律表等等。

◆ **关键态度**

给予孩子掌握自己生活的权力

◆ **技巧**

找到需要制作惯例表的时间段；

通过启发式提问和"头脑风暴"，引导孩子想出时间段内的事情和内容；

引导孩子将事情和内容排列出顺序；

可以用照片、画画、贴纸等各种方式完成制作；

让孩子参与，越多越好。

在每天都会发生大大小小变化的生活中，规律，是让家庭和孩子觉得和平、安全、轻松的最理想方式。容易理解、完成，同时又具有灵活性的惯例表，会让孩子茁壮成长。让孩子参与制作他们的惯例表，会提高他们的归属感和成就感，也能够通过给予他们掌握自己生活权力的方式，减少和家长的"权力之争"；因为是他们自己参与建立的规则，更能够提高他们遵守的愿望。

101

两岁威威不准妈妈上班

 妈妈：虫虫

 儿子：威威　2岁

学习"惯例表"这节课时，我有个疑虑：规律表的制作，孩子参与越多越好，威威只有两岁，他能参与吗？我想试试看。

我找到了每天最头疼的时段：威威黄昏不肯回家；而早上我去上班时，威威又会哭喊："妈妈不上班！"

我找到一张大纸，用提问的方式让威威自己想："威威想一想，我们每天晚上都有什么事要做啊？"让我意外的是，这次威威并没有用"啊？"来回答。他自己想到了四个："洗澡""刷牙""玩积木"，还有"跟爷爷奶奶、外公外婆视频"！完全不需要我的提示。我拿了些照片，威威又想到了"看书"和"睡觉"。在我的提示下，他又想到了"回家后先换鞋"及"睡前在床上跳舞"。我太开心了！之前制作"选择轮"时，威威可是"一问三不知"！

我用一张我抱着威威亲亲的照片，代表"妈妈下班啦！"并在旁边画了个钟，指向六点半："到这个时间，妈妈就下班啦！"威威开心地冲到我怀里，让我像照片上那样亲他！接下

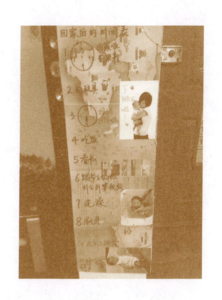

来，威威和我一起裁开大纸。威威自己选彩笔，给照片涂胶水，帮我扶着纸，粘透明胶，给表上印小花花……忙得不亦乐乎！"惯例表"在我们娘儿俩的努力下，做出来了！

　　为了让威威熟悉"惯例表"，当天晚上，我们每做一件事，我就把"惯例表"指给威威看。威威对他的时间表很认同，不时过去摸摸、看看。

　　真正开始起作用，是第三天。

　　这天我走到门口，坐在沙发上的威威开始准备哭，我指了指"惯例表"上我下班的照片，说道："快看快看，妈妈到这个时候就下班了！"他看了看我手指的方向，想了想，竟然忍住了没哭！晚上回到家，我抱着他到"惯例表"旁，用照片上的姿势亲他，开心地说："妈妈下班啦！接下来该干什么呢？"威威看了看，笑着说："该吃饭啦！"这天，威威用比平时主动积极的态度吃完了晚饭！

吃完饭，洗澡、刷牙。然后"在床上听音乐跳舞"——这也是"惯例表"中的项目。当音乐停止时，他说了一句更让我惊喜的话："音乐听完了，该睡觉了！"此时刚好是9点，正是他的"惯例表"里睡觉的时间！（以前威威经常10点多才睡）小家伙竟然主动提出该睡觉啦！

我乐颠颠地关灯。平时如果他不想睡觉，我关灯，他肯定会大叫！但今天我把灯关掉后，他在黑暗中开心地叫我过去陪他睡觉！

周五晚上9点，威威推开卧室的门，走进来对躺在床上的我说："睡觉啦！妈妈也睡！"我一下子就被威威逗乐了！威威上床，躺到我身边，9点10分就进入了梦乡！威威的爸爸也点头称赞："威威的'惯例表'还真挺有用的！"

周六晚上，威威在床上听音乐跳舞，到最后一首快结束时，他竟然主动关掉。妈妈问："跳完舞了干什么呀？"他干脆地回答："睡觉！"9点关灯，9点15分睡着！

威威如此自律地遵循"惯例表"，给了我太多惊喜，让我思考。我真心觉得，孩子内心有着强大的生命力，只要我们给孩子自由、信任和方法，孩子会比大人更加自律。

甄颖

美国一位叫Laura Markham的育儿专家说："孩子需要并渴望明确的生活规律，因为规律给孩子安全感，帮助他们发展自律的性格。人类会惧怕很多事情。未知，最容易让人产生担心和恐惧。"

"惯例表"，能够一目了然地让孩子、家长知道，接下来要发生什么事情。这样的"可预知"，能给大家带来很踏实的安全感。

　　我和虫虫是非常要好的朋友，她曾经幽默地用"凌乱"两字形容她的生活状态："规律对我来说，是个不太沾边的词儿。我生活得随意、没有规划，经常被老公诟病。"

　　相对来说，威威的生活规律，其实比虫虫要好很多。几乎每天早上，都是威威先醒过来，叫妈妈起床。然后威威吃早餐，妈妈上班，威威跟保姆下楼玩，11点半之前回家吃午饭，12点半上床睡午觉，下午睡醒后，继续下楼玩，等妈妈回家，吃饭，玩，洗澡，直到晚上睡觉。这是奶奶的功劳。

　　在制作"惯例表"之前，虫虫有很多疑问：有没有必要把威威已有的生活规律以表格的形式列出来呢？如果要建立，应该建立哪个时间段呢？还有，威威只有两岁，他会不会一直是"不知道"呢？

　　但这些疑虑没有让虫虫却步——试试看，不行就算了。她选择了早晨出门上班这个时间段，威威常在这时哭闹。

　　一切疑虑，在制作和实践过程中，都找到了答案！

　　经过8个月踏踏实实的学习和实习，虫虫现在是一名具有美国"正面管教"资质的家长讲师团队的高级讲师。她的生活状态，离"凌乱"越来越远。她现在常说的一句话是：我需要先好好安排一下。

　　一个多月前，威威开始上私立幼儿园。因为虫虫提前做了很多准备，尽最大可能让威威对幼儿园的未知降到最低，引导威威熟悉新生活，并形成新的生活规律。威威只在第一周哭了两三次，并且很快停止，十分顺利地度过了幼儿园生活的开始阶段！

小美自己管好了洗澡时间

 妈妈：Elly

女儿：甄小美　4岁

漂亮的"惯例表"被撕了

两年前，我和甄小美建立了一个"惯例表"，很漂亮。那时候我刚开始学习"正面管教"，看到"惯例表"很是喜欢。于是用书里教的方法，选了我和甄小美矛盾最大的时候：放学后到睡觉前。

我先请甄小美从很多照片里挑了这个时段要进行的内容：吃晚饭、洗碗、读书、跟小猫苏皮说晚安、洗澡等。

然后引导甄小美排列顺序——就在这里，我没有掌握"惯例表"的本质：让孩子参与，越多越好。我希望甄小美先洗澡后吃晚饭（这样晚饭后头发就干了）；而甄小美希望先吃晚饭后洗澡（她不在乎头发是不是干的，也愿意用吹风机吹干，而我不愿意用吹风机，我觉得对儿童听力不好——未必正确）。我没有理会甄小美的辩解："我不要先洗澡！"而是对她说教："吃完晚饭再洗澡头发干不了，对你身体不好。你要先洗澡再吃饭……"自己动手把甄小美洗澡的照片贴在了最上面——第一项。

甄小美没有再争辩，自己用剪刀把后面事情的照片剪好并贴起来：吃晚饭、帮忙洗碗、和苏皮说晚安、上床时间、睡觉。我在每张照片旁边用中英文写了字。

一张漂亮的"惯例表"做好了！甄小美选择贴在她卧室的墙上。

没想到，才几天，果然就在"洗澡"这个环节上出了问题。我让甄小美洗澡，她不愿意。我指着她的"惯例表"说："你看，你的'惯例表'上是什么？"甄小美一下子发怒了，竟然过去"唰唰唰"把墙上的"惯例表"撕成几片！

幸好，我已经学会了"积极暂停"。我抱抱甄小美，问她要不要去她的"狗狗公园"冷静一会儿？她说好。

等她从"狗狗公园"出来，我们谈了谈。甄小美用透明胶带把"惯例表"一片片重新粘好。

但从那以后，这个漂亮的惯例表形同虚设。后来搬家，就没有"惯例表"了。而甄小美的洗澡问题，随着我的心态越来越放松，不再强硬要求每天必须吃晚饭前洗澡，"战争"比以前减少了，但问题并没有得到根本解决。

第二张"惯例表"

一年多以后，在一堂二阶段课上的"家长帮助家长"环节，接受帮助的家长，从"头脑风暴"的十几个解决办法中，选择了"引导孩子制作她自己的'惯例表'"。

我"偷"了这个方法，决定回家再试试看。

回到家，甄小美一听"洗澡"两个字，立刻露出不耐烦的表情。我先跟甄小美共情："我明白，你不喜欢洗澡，尤其不喜欢吃饭前洗澡。你想先玩呀玩呀玩呀，一叫你洗澡打断你玩，你就觉得烦躁。而且我还一遍一遍催你，有时候还很大声，让你更烦了，还有点伤心，对吧？"

甄小美点点头，然后反问我："要是我这么跟你说，你会有什么感觉？"

"我也会觉得烦、伤心。那你知道我一遍遍催你，你一遍遍说'不'，我什么感觉吗？"

"你生气。"

"有一点吧。主要是不耐烦和着急。而且我不喜欢自己这样像个broken record（破唱片），一遍遍说着同样的话。我更不喜欢跟你大声喊。我希望自己做个好妈妈。"

甄小美整个身体都放松了："对，好妈妈不会大声对她的孩子喊。"她停了一下，又说，"偶尔可以大声喊。"

我笑："好妈妈会偶尔对孩子大声喊，好孩子也会偶尔对妈妈大声喊。这很正常。即使这样，也还是好妈妈和好孩子。"

"嗯，"甄小美很同意，"我也对你大声喊过。"

（虽然我俩之间常有这样的对话，但我写出来时，仍然为一个4岁孩子这样的思考和表达而感到难以置信。）

她选了张红色的纸，我拿了张白纸。先"头脑风暴"："你放学以后，都做什么呢？"

"玩，去朋友家玩！"

"还有跟苏皮玩吧？"我一边写一边问。

"对对对！"

"还有呢？"

她又说："画画、听音乐，如果妈妈有时间就去外面玩。"

我问："这些都背着书包、穿着鞋吗？"

"哦，哦！"甄小美呵呵呵地笑，"还要摘书包和换拖鞋。"

"还有吃饭。"我加了一个。

甄小美欢呼："对！吃饭！"

"那洗澡呢？"我又问。

"嗯……"甄小美想，"好吧，还有洗澡。但是要吃完饭再洗。"

我已经做好心理准备和决定，调整自己的标准："或者不洗，冲一下，也不用洗头发。第二天早上再洗澡也可以。你自己决定吧。我相信你能照顾好你自己，就像你今天回来看到自己的脚很脏，就去冲洗。"

"好，那就晚上冲，早上洗澡！"

"还有别的事吗？"

"还有，还有，从学校回来以后，我想躺在沙发上休息一下。"

"没问题。"

接下来，我把这8件事念了一遍，让她来决定顺序。结果

是：1. 放好书包和脱掉鞋子；2. 听音乐；3. 如果妈妈有时间，就出去玩；4. 和朋友/苏皮玩；5. 在沙发上休息；6. 画画；7. 吃饭；8. 洗澡。

我问她："你要不要把'惯例表'画在你挑的这张红色纸上？"

"不要！"甄小美失去了兴趣，去抓苏皮。我对这个答案并不吃惊，不做就不做："那等你准备好了再画吧。"

虽然没有画出来，但这样厘清了一遍思路，我俩都有一股清爽、放松的感觉。

执行

我们立即开始执行。

"你现在已经放好书包和脱掉了鞋子，也听了音乐。刚才咱俩去做了美甲，也出去了。现在是什么呢？"她伸头看我写的字，指着"4"："这个写的是什么？"

"和朋友/苏皮玩。"我回答。

"那我可以去敲豆豆家的门吗？"豆豆是邻居家的小姑娘，甄小美的好朋友。"当然可以！"

十几秒后，甄小美回来了："豆豆不在家……那我和苏皮玩吧！"

从周一晚上到现在，甄小美一直执行着"晚上冲，早上洗"的惯例。早晨我放好洗澡水，去叫她起床，她总说："你先去做点别的事。"然后我走开做别的事情。再回到卧室，她肯定不在床上，已经悄悄地坐在了洗澡盆里！

这时候我会说："咦，甄小美呢？啊，原来她在这儿呀！"我们的早上，从甄小美一连串的笑声开始。

甄颖

"惯例表"的目的，是为了让孩子养成相对良好的生活规律，从而对生活有安全感，不是为了给孩子"军训"——我以前不能深入地体会这一点。

使用、传授，是学习效果最好的方式。很幸运，近两年来我一直在教"正面管教"，也在实际生活中使用"正面管教"。我越来越多地体会到：温柔和坚定并行的态度，是所有工具的基础和前提。没有这个态度，工具使用会走样。而有了这个态度，即使不使用工具，也能达到良好沟通、良好协作的效果。

现在，甄小美的生活规律稳定：早上6点50分左右起床、吃饭、坐校车上学；下午3点半回来，休息、写汉字或听音乐或和朋友玩、吃饭、帮忙做家务；7点半左右上床念书，然后讲故事、睡前聊天、亲吻、睡觉。

而洗澡，则视具体情况而定，遇到很脏、被雨淋等情况时，她则回到家就洗澡；普通情况就只冲一冲；不想洗就不洗，第二天早上再洗。

"容易理解、完成，同时又具有灵活性的'惯例表'，会让孩子茁壮成长。" ——惯例和灵活之间的线，很细。每个家庭都不一样。家长们最了解自己家庭的情况，最了解自己的孩子，仔细观察，多思考，多尝试，就一定能找到自己家的那条线，也就是温柔和坚定中间的那条线。找到了，你就掌握了温柔而坚定的态度！

建立独立思考能力的

启发式提问

CURIOSITY QUESTIONS

导读

**本章运用"启发式提问"
作为正面管教的主要工具。**

◆含义

用启发式提问（而不是命令或直接告诉）来开发孩子的思考能力，培养孩子独立思考的习惯。

◆关键态度

给孩子权力，让孩子发展自己的内心力量。

◆技巧

不要一开始问"为什么/为什么不"，问事实，用"什么、哪里、怎样"等；

问题越具体、越小，越有效；

一方很生气、烦躁时，不要提问，等双方冷静下来再提问；

允许孩子"不知道"，引导孩子开始思考，给孩子足够时间发展独立思考的能力；

让孩子自己得出结论。

妈妈，我想像你一样

 妈妈：Elly

女儿：甄小美　4岁

甄小美和隔壁两岁多的男孩在家里玩。甄小美拿着我的大瓶润肤乳问："妈咪，我们可以抹这个吗？"我想了想："好，抹一点点。"

五分钟后，两人出现在我面前，甄小美一头一脸都是白色的润肤乳，小男孩脸上也不少。另外，两人显然一边抹润肤乳，一边照镜子，顺便往镜子上也抹了很多润肤乳，镜子上白花花的一大片。

我的第一反应，是冲他们大声说："不是告诉你只玩一点吗？为什么不听！你看你这样子，妈妈刚给你洗完澡！"但我明白这样的结果，一定是爆发"战争"。所以我克制住了。

我看看两个孩子，心里有个声音浮现出来："They are just being kids（他们只是在做孩子而已）."这个态度的转换，让我的怒气迅速、自然地消失了。接下来，理智的出现也自然而然了。我的关注点不再是责备和追究责任，而是寻找尊重孩子也尊重自己的解决方法！

我问自己："那么这时候该怎么办呢？"我知道了！

我抿着嘴对他们笑一下："你们俩，看起来很可笑。"两个孩子也咧嘴笑了。我指指镜子："镜子脏了，可以怎么办呢？"甄小美争着喊："擦干净！"我又接着问："用什么能把镜子擦得干干净净？"两个孩子想了想，一个说"抹布"，一个说"纸巾"。

我先给了两个孩子纸巾，两个人抢着，很快把镜子擦干净了（甄小美的榜样力量很有效）。

我蹲下来对甄小美说："脸上的润肤乳，也可以用纸巾擦干净，但头发上的润肤乳，怎么才能洗干净？不然头发会油油的、脏脏的。"甄小美点点头："洗澡。"

然后我转头对小男孩说："小美要洗澡，所以今天你们只能玩到现在，你得回家了。"小男孩看了看甄小美，说"再见"，转身回家。以往，他回家之前，我需要做"提前说""用钟表""给选择"等多项工作。今天，显然他也明白了"小美需要洗澡；小美洗澡就不能和我玩；没有玩伴需要回家"。异常顺利！

我给甄小美脱衣服的时候，她仰头看着我，说了一句："妈咪，我想像你一样。"

我的心一下子软下来，原来我的女儿并不仅仅是在"乱玩"，这个玩后面，还有对妈妈的仰慕和眷恋！我拥抱她："你想抹润肤乳，就可以像妈妈一样漂亮，对吧？"甄小美点头。我亲她的额头和脸蛋，对她说："妈妈心里觉得很甜。"

洗完澡，我拿了她的润肤乳，问她："要不要抹润肤乳？"甄小美摇头："不要。抹了以后还要洗澡！"

甄小美的这个"自然逻辑"一下子把我逗笑了。我告诉她：

115

"只要恰当地抹，就不用洗澡。"接下来，我们跟小猫玩了一会儿。然后我手把手教她怎么给自己恰当地抹润肤乳。

我很庆幸，自己心里有了足够的力量，让我在那个时刻不爆发。否则，可以想象，会给我那个仰慕眷恋妈妈的孩子，造成多大的心理伤害！我更庆幸，学到了"正面管教"的平和态度和有效的解决方法，让孩子自然地承担责任、解决问题、学会技能。

甄颖

课堂关于"提问"这个方法的角色扮演活动，是由一位家长扮演孩子，其他家长分成两组，站成两排，分别为"命令型家长"和"提问型家长"。扮演孩子的家长手里有很多支笔，代表了问题。

两组活动下来，大家会发现，"命令型家长"手里握着这些"问题之笔"，而"提问型家长"，则将"问题之笔"还给了孩子。"命令型家长"——烦躁、疲惫、无奈；"提问型家长"——轻松、平和，但也有点担心、忐忑。

这是因为，"问题之笔"不仅仅代表了问题。

提问，表面是家长引导孩子发展独立思考的能力，引导孩子找到解决方法。而背后，是家长将解决方法，也就是事态发展的走向，交给孩子。

"问题之笔"也代表了"家长的控制权"。这个权力完全交出去，家长自己手里空空如也，心里自然会担心、忐忑。

就像我对甄小美的提问——"镜子脏了，要怎么办？"

她很有可能给出"不怎么办"或者"再抹润肤乳"等不理智的回答。

有效的提问，需要家长的问题具体、清晰，越小越好。例如我后面的问题——脸上的润肤乳，也可以用纸巾擦干净，但头发上的润肤乳，怎么才能洗干净？不然头发会油油的、脏脏的——而不是"头发要怎么办？"

通过前面"具体、清晰的正面语言""选择"等，打下基础，让孩子渐渐培养出理智、独立的思考能力和习惯。那么后面的"提问"就会顺利、有效很多。

起床"麻烦"化为"甜蜜"

妈妈：Elly

女儿：甄小美　4岁

　　因为要坐校车，甄小美每天早上6点40分起床。大部分时间，她晚上7点上床，8点左右睡着。但有时入睡晚，第二天叫醒她就是个头疼事。

　　我不得不叫醒她的时候，她总是很不高兴。我用了不少办法，拥抱、亲吻、播放她喜欢的音乐等等，但效果时好时坏。搞得我总要想办法换新方法，一到要叫醒她的时候，就有点提心吊胆。

　　"正面管教"里有个"启发式提问"，我一学到，就觉得好像找到了出路——原来可以这样解决问题呀！

　　晚上我对甄小美说："妈妈知道，你想一直睡，实际上妈妈自己也想睡觉，所以我们周末就会睡懒觉。"甄小美没说话，但神情很专注地在听我说。我继续说："你也知道，如果我们平时也睡懒觉，就会错过你的校车。那我们应该怎么办？你想要妈妈怎么叫醒你呢？"

　　以前我从未问过甄小美这个问题，她有点懵："不知道。"

我明白这个"不知道"很正常，于是继续启发她："现在妈妈叫你起床，会抱你、亲你，给你放音乐，你喜欢这些方式吗？"

这下子甄小美的"智慧源泉"一股脑地涌了出来："我不想要你抱我，但是我喜欢你亲我，也喜欢音乐！"还没等我问"那你还有什么好主意"，她就继续欢快地说："妈咪，你还可以这样说：'早上好，小美！'我就会说：'早上好，妈咪！'然后我就醒来了！"

我既吃惊又欣喜，这么简单吗？我模仿她的语调："早上好，小美！是这样吗？"甄小美不停地点头，更开心了。

我又问她："如果你醒来了，但不想起床，怎么办？"甄小美把我的手拉过来，放在她的小肚子上说："你可以像这样揉我的肚子，我喜欢你这样揉我，我就会起床的。"

真是惊喜不断！

我知道甄小美喜欢早上洗澡，我俩又一起想出个主意：我第一次叫醒她以后，先离开几分钟，给她时间让她自己醒过来；几分钟后我回来，亲吻她，放音乐，揉肚子；然后她脱掉睡衣，洗个"快速无泡泡澡"（在温暖的水里躺一躺，顺便洗脸）。

现在，甄小美已经形成了这样的"起床惯例"。虽然看起来比以前多了很多步骤，但是花的时间却少得多。现在，早晨充满了温馨、轻松、顺利。

没想到，当我通过问题，将"想解决办法的机会"交给孩子，结果令我如此惊喜！

建立独立思考能力的启发式提问

119

甄颖

　　这是一年多以前的经历，现在甄小美起床更容易：我叫她，她哼着说："Mommy，snuggle（妈咪，搂）！"我躺下来，搂着她三四分钟。我起床离开，准备早饭上桌，让她自己再躺一会儿。等我回来，她就起床了。

　　这也是她自己的主意。不需要我启发提问，她直接提出来，很理智，我当然同意。

　　但如果没有前面的基础，一次次启发，一天天实践，甄小美起床就不会有后来的变化。

　　起床本来就是孩子的事，通过启发和信任，将这件事的决定权交还给孩子，孩子就会给妈妈惊喜。

从错误中恢复的
4个R

FOUR Rs OF RECOVERY
FROM MISTAKES

导读

本章运用"从错误中恢复的4个R"作为正面管教的主要工具。

◆ **含义**

"从错误中恢复的4个R"是以英文字母R开头的四个步骤，简单而有效，可以帮助家长和孩子从问题中恢复，并解决问题。

Recognize 承认。家长意识到自己在错误和问题中的责任。

Reconnect 连接。通过拥抱或其他形式，先和孩子产生连接。

Reconcile 和好。道歉或和解。

Resolve 解决问题。

◆ **关键态度**

告诉孩子，没有人是完美的，大人也会犯错误，但错误和问题是学习的绝好机会。

◆ **技巧**

先联系情感，再纠正行为。4个R的前3个R——承认、连接、和好，都为第4个R（解决问题）营造出积极的气氛。要知道，在充满敌意的氛围里面解决问题是不会有好效果的。

小恶魔变小天使

 妈妈：黄小琳

 女儿：果果　3岁

　　果果今年3岁，每一次出行，要么有爸爸陪着，要么有奶奶带着，让我倍感轻松。

　　我第三次到深圳上"正面管教家长课堂"前，没想到果果突然表现出严重的分离焦虑，一直紧紧抱着我不让我走，我只能狠下心把她抱给奶奶，慌乱地跑下楼去。这时，背后传来果果撕心裂肺的哭声，伴随着一声声"我要妈妈、我要妈妈"，让我揪心地疼。

　　我越走越远，耳边果果刚才喊妈妈的哭声却"越来越大"，我内心感到愧疚和纠结，脑海里突然闪过一个念头：我要带着果果一起去上课！随着这个想法越来越清晰、坚定，我马上转身飞奔上楼，一把抱过满脸挂着泪珠的果果，告诉她："妈妈今天带你一起去深圳，好吗？"果果使劲地点点头。

　　于是，我和果果开开心心地出发了。

　　我和往常一样，带着果果走路、坐公车、转地铁，辗转了40分钟来到广州东站，与一同前往的牛牛妈妈会合——真巧，牛

牛妈妈也带着牛牛一起。两个小朋友见了面非常开心，小手拉小手，和妈妈一同过安检，上火车。

午饭时间到了。也许是第一次和妈妈出远门，果果表现得异常兴奋，东望望，西瞧瞧，完全没有心思吃午饭。我连哄带骗，使出浑身解数，果果仍不肯吃午饭。

这时，我突然发现快餐盒里有一根小牙签，眼前一亮："果果，要不你用这根牙签来叉肉吃，好吗？"

"不要不要"，果果显然不领情，还随手拿起牙签在肉上戳个不停，我正想阻止，说时迟那时快，小家伙扬手把牙签一飞，丢到对面乘客头发上去了。

我一下傻了眼，赶紧赔礼道歉，并严肃地告诉果果："叉了肉的牙签是脏的，会把阿姨头发也弄脏，你这么做不对，赶紧向阿姨说对不起！"

果果低着头，爽快地向对方说了声"对不起"。没过一会儿，她又捡起我擦桌子的餐巾纸，扔到了刚才那位乘客的头上！我难堪极了，只好不停地向对方道歉。

......

带着百般懊恼和无奈，我们来到了"正面管教"课堂。果果和牛牛被助教Giselle带到图书馆去玩。Elly看出我心事重重，鼓励我把刚才发生的事和大家一起分享。

今天上课内容正好是"从错误中恢复的4个R"。于是，我和其他几位家长对此事进行"角色扮演"，我演果果。当我"演"了果果之后，才恍然大悟：原来丢牙签、丢纸团是件这么好玩的事。而在整个事情发生过程中，我却一点也没有意识到自己所犯的错误：没有及时将牙签和纸团收起来。

课程结束时，果果带着手工作品快乐地朝我飞奔过来。Giselle告诉我，她没有哭闹，没有找妈妈，一直非常配合。就在我在心里长长松一口气时，意犹未尽的果果抓起我喝了一半的矿泉水，直接往地板上倒，一边倒还一边哈哈大笑。

我倒吸一口冷气。

如果是以前，我肯定会当场雷霆大发，一边训斥一边收拾残局，而此刻，我开始提醒自己：要冷静！我脑海中清晰地浮现出今天课堂上讲的"从错误中恢复的4个R"：意识到我在这次错误中的责任、和孩子心连心、和解道歉、解决问题。我迅速回想在这件事情中，我自己错在哪儿——我没有把喝了一半的水瓶盖拧紧收好。

于是，我蹲了下来，平静地抱住果果："宝宝，妈妈没有把喝过的水瓶盖拧紧收好，对不起。"果果愣了一下，瞪大双眼看着我。

我继续说："妈妈知道，你觉得把水倒在地板上，很好玩，对吗？"果果连连点头。

"那现在地板湿了，你愿不愿意和妈妈一起来想办法，看看咱们接下来可以怎么做呢？"这时，果果清脆响亮的回答让我既惊喜又激动："妈妈，我用纸巾擦干净吧。"

我心里感叹：天哪！这真的是一直让我抓狂和无奈的小恶魔吗？

接过我递过去的纸巾，果果开始一点一点地擦拭地板，而一旁的我，激动得心花怒放、热泪盈眶，一句话也说不出来……

现在想来，我的道歉之所以有那么大的魔力，最主要的原因是我理解了孩子，并用平等、尊重的态度对待她，同时警醒自己：每一个看似是"孩子有错"的事，实际上都有自己的原因。找到自己的部分，用平等的态度对待孩子，她就会更加自律与配合，给我们带来意想不到的惊喜。

甄颖

从错误中恢复的四个R，第一步是家长意识到自己的错误/责任。然而，有时候我们的责任明显，有时候我们的责任不太明显。

在这个故事中，当果果把用过的牙签、纸巾扔到他人头上时，小琳并没有责骂孩子。所以当她在课堂上口头讲述火车上的经历时，大家并没觉得小琳做错了什么。

然而，当问题出现时，所有参与方都或多或少负有责任。只是当局者迷。如果我们可以把任何一个问题"重播"，从他人的角度体验，就能够容易看清。这就是角色扮演最重要的作用，最有"魔力"的地方。

　　小琳在果果的不当行为中，要承担的责任不明显，但小琳通过扮演果果，意识到了自己做妈妈的责任：没有体谅孩子当时的感受（好玩、兴奋、开心），没有做好预防（扔掉垃圾）。

　　接下来，当类似的情形又出现时（果果把水倒在地上），小琳的"大脑盖子"没有打开。在没有指责也没有骄纵的态度中，小琳承担起自己的责任，简洁而真诚地告诉孩子妈妈的责任：没有拧好瓶盖。接下来，母女俩共同关注解决方法，就容易多了。

　　并不是妈妈具体道歉的语句，让孩子改正行为，并承担责任，而是正如小琳所说，"我理解了孩子，并用平等、尊重的态度对待她"。这个态度，影响了孩子，孩子立刻给了妈妈惊喜。

　　2012年3月，小琳每个周末从广州到深圳上课。那时候她和很多妈妈一样，为孩子的各种行为焦虑、懊恼，也为自己有时对孩子失去控制内疚。

　　小琳在上这个课程之前，和很多妈妈一样，对于自己带3岁多的孩子出远门，想也没想过。因为"我一个人搞不定"。

　　而一年后的现在，小琳的焦虑和懊恼没有了，她成为一名淡定、平和、从容的妈妈，更成了一名"正面管教"资质讲师。而独自带着果果出远门，对小琳和果果来说都是乐趣。

姐姐打弟弟

 妈妈：润绮

 女儿：婷婷　4岁1个月

 儿子：滚滚　2岁1个月

晚上，姐弟俩坐在地上玩积木。突然，弟弟用小手一扫，把姐姐刚"建"好的房子推倒了。姐姐马上大声哭喊："不可以！不可以！"弟弟见姐姐情绪反应激烈，更来劲了，彻底弄散所有积木。

姐姐这时非常生气，用手拍了弟弟的头。

我正好看见这一幕，马上责备姐姐："婷婷，你怎么可以动手打人？"婷婷辩解："我没有！"

"可我明明看到你打弟弟了。"

婷婷坚持："我没有打！"

我生气了："你是胆小鬼，你应该敢做敢当！"

婷婷这时又恼怒又焦急，大喊道："我不是！我不是！"显然我俩较上劲了。突然间，我意识到自己"大脑盖子"打开了，又回到上"正面管教"课程之前的状态——和婷婷相互指责、否定，毫不相让。如果继续这样下去，既让我们不开心，又会伤害彼此的感情。

于是，我先停下来，这样能帮助自己尽快平静。过了几分钟，我开始跟婷婷共情："妈妈知道你很生气，因为弟弟推倒了你刚砌好的房子。我猜你一定很希望弟弟没有推倒它。"婷婷马上接话："是呀！你看房子都坏了！"

我说："你可以重新再砌一座新的房子，弟弟其实是很想跟你一起玩，他并不是故意要弄坏它。妈妈刚才那么大声说你，是妈妈不对，妈妈跟你道歉，对不起！"

"对不起！"婷婷这时也很认真地看着我的眼睛说（以前，我让她对别人说对不起，她总是不愿意）。我问婷婷："你是在跟妈妈道歉还是跟弟弟道歉？"

她马上对弟弟说："对不起，我打了你。"我问她："下次再这样要怎么处理更好？"婷婷答："不可以打人，打人是不对的！"其实孩子内心知道打人不好，只是她还不懂得如何用正面言行表达自己的负面情绪。

这需要不断练习，更需要家长好好引导。

接着，我继续问婷婷："现在你可以跟弟弟一起堆积木玩吗？你们一起建新房好不好？你可以教他，正好可以帮妈妈带弟弟玩，妈妈现在先去洗澡。"婷婷爽快地答应了。

后来，姐弟俩一晚上都玩得很好，没有再为玩具的事情发生不愉快。

甄颖

第一个R，recognize。家长意识到自己在问题中的责任，也就是自己应承担的部分。有时候这个责任比较明显，例如大声呵斥了孩子，动手打了孩子，或者故意冷落孩子；

有时候这个责任不明显，例如孩子没有刷牙的习惯，不和朋友分享玩具等。这时候，家长可以试试从更大、更高的角度看问题：我有没有对孩子啰唆？我有没有强迫孩子？我有没有说教孩子？通常，只要发生问题，所有参与的人都有或多或少的责任。对孩子是这样，生活中其他方面也是这样。

意识，是成功的开始。

这个故事中，妈妈润绮在"大脑盖子"打开时，有了意识。有意识让自己暂停，接下来就能很理智地意识到自己的责任：大声说婷婷。

第二个R，reconnect。先和孩子产生连接。出现问题时，我们和孩子之间心连心的连接断开了，需要"重新连接"。这一步非常有必要，否则后面的道歉会显得突兀；而且，也给"大脑盖子"同样打开的孩子，一个情绪平稳过渡的时间。

第三个R，reconcile，道歉和解。简洁而真诚地道歉。"简洁真诚"，在我有限的"正面管教家长课堂"经历中，发现这四个简单的字却不容易做到。比较普遍的现象是，温柔大于坚定的家长，不容易做到简洁，常常过分道歉："对不起，妈妈真的很抱歉，不应该大声吼你，是妈妈不对，以后妈妈再不这样了。请你原谅妈妈吧，好吗？"而坚定大于温柔的家长，不容易做到真诚，道歉成了"行了，这件事结束了"或者"我都道歉了，你也见好就收吧"的潜台词。

这个故事中，润绮一句短短的话——"妈妈刚才那么大声说你，是妈妈不对，妈妈跟你道歉，对不起！"——简洁而真诚。

行大于言，润绮简洁而真诚地道了歉，婷婷也立即道歉，真诚地看着妈妈的眼睛说："对不起。"孩子永远是简洁而真诚的榜样，孩子不用学习"正面管教"，这是他们美好的天性。

道歉和解有很多方式，说"对不起"只是其中一种。我教过的家长中，有的讲一句话"妈妈失去控制了啊"；也有的用一个手势：抱抱拳；也有的歉意地笑笑……每位家长都能找到属于自己和孩子的道歉方式。

第四个R，resolve。解决问题。这时候，家长和孩子的"大脑盖子"都合上了。家长可以用正面语言、选择、转移方向、启发式提问，和孩子一起找到解决问题的方法。

这个故事中，润绮自然而然地问婷婷："下次再这样要怎么处理更好？""现在你可以跟弟弟一起堆积木玩吗？你们一起建新房好不好？"

事情圆满解决。

即使发脾气，你也是我最好最好的妈妈

 妈妈：王欣

 女儿：小睿　3岁11个月

　　晚上，我们要带小睿去听故事，所以计划早些吃饭。没想到，我和小睿爸爸刚进家门，就听到小睿的央求：要去楼上找Tina玩。

　　我看了看时钟，估计还有20分钟开饭，便同意了。同时提醒她："只能玩20分钟噢，20分钟以后，妈妈就上去接你，然后和妈妈回来吃饭，好吗？"她爽快地答应了。

　　20分钟后，我上楼接小睿，小睿正拿着Tina的"小天才"儿童电脑专注地玩着游戏，见我来，马上说："妈妈，我还想再玩一会再走。"说完还招呼我坐她旁边，一边玩给我看，一边让我也参与。在我俩一起玩了两个小游戏后，我说："好，不玩了，咱们现在得回家吃饭，一会还要去听猴哥讲故事呢。"小睿听了有些不高兴也不情愿，但又不好"违约"，只好小声嘀咕："我还想玩。"

　　我装作没听见。因为害怕迟到所以有些着急地拉着她的手快速跟Tina全家告别。就在我俩下楼梯的时候，小睿开始"借题发挥"，先是不好好走，然后故意走得很慢，嘴里还不时在嘟哝：

"我还想玩游戏，我不想回家。"我开始有些急躁，严肃地提醒她："刘小睿，我们说好的，玩20分钟就回家。妈妈知道你想玩游戏，但现在没时间玩。而且妈妈也不喜欢你玩游戏。"

我生硬的话语让小睿更不开心了。正巧这会她有只鞋子掉了，试了几次也没穿上，她便开始冲我大声嚷嚷："哎呀，还是穿不上，你帮我穿嘛！"

我没好气地回她："你自己不会穿吗？这是你的鞋子。"她只好极不情愿地一边将手里的玩具递给我，一边用似乎"一点就爆"的愤怒语气冲我嚷："那你帮我拿一下。"

我被激怒了！"大脑盖子"打开了，丢下一句："早知道你这么不开心，妈妈就不让你去Tina家了，以后都不要去。"便先下楼梯。

小睿这时在我身后用接近哭喊的声音大喊："不是、不是这样，不是这样的……"

见小睿爸爸开门出来，我马上头也没回地走进屋里。隐约听到小睿爸爸在外面跟小睿讲道理和劝哄的声音，但小睿哭声的分贝不但没有降低，反而更大。我知道——"解铃还须系铃人"。

我在心里快速问自己：我现在该怎么做才是"正面、积极"的？"即时离开现场"的我比刚才要冷静不少——我决定先做我应该做的事：洗手、吃饭。

我刚坐下喝口汤，小睿就进屋了，她还在非常伤心地抽泣着。我平静地放下碗筷，一边看着她，一边张开双手，示意咱俩抱抱。小睿很快投入我怀里。我把她抱到阳台上——这是我俩最常"解决问题"和能让我俩快速冷静下来的"安静角"。

此刻，小睿的情绪果然平静了一些，但还在抽泣。这时我想到了"正面管教"工具里的"从错误中恢复的4个R"——在这件事情中我的责任、和孩子心连心、和解道歉、解决问题。

我亲了亲小睿的脸蛋，对她道歉："妈妈刚才在楼梯那里语气不好，也不应该说再也不让你去Tina家玩的话，妈妈跟你道歉。"小睿不说话，还在抽泣。我开始试着共情，但也许没找到那个点，都被她统统摇头否定："不是不是，都不是。"然后趴在我身上小声哭着。我很少见她这么伤心，心里有些愧疚，继续耐心地抚摸她的头和背，也不再说话，我觉得这时候"无声胜有声"，我只要让她知道妈妈很在乎她的感受，很爱她，就好。

过了五六分钟，小睿的情绪渐渐平静下来，我再次试着跟她沟通和好，她都很配合。但提出一个我不能接受的要求：待会要妈妈抱着喂饭。当我平静地拒绝她之后，小睿再次伤心地哭起来，同时还挥动着胳膊，差点打到我，我表情马上又变得严肃起来。

没想到，这时，她忍住抽泣，凑过来亲了一下我的嘴。这个动作让我很感动。因为以前我俩曾说过，当对方情绪不好或者生气的时候，就给彼此一个亲吻和拥抱，我们就会感觉好起来。我没想到她在这么生气伤心的时候，还记得考虑我的感受。

同时，我也开始关注解决办法，给了她两个我都能接受的选择："你是想妈妈喂你几口然后你坐自己凳子上吃，还是想妈妈喂你几口后坐在妈妈旁边吃？"小睿选择了后者。我俩边吃边聊，情绪完全恢复。

晚上关灯睡觉时，小睿突然搂着我亲了亲，甜甜地对我说："妈妈我最爱你了，你是我最好最好的妈妈！"我听了心里既温暖又激动，还夹杂着饭前发脾气、说气话的愧疚感。问她："那妈妈对你发脾气、说气话的时候，你还是觉得我好吗？"她爽快地回答："还是觉得你好，还是好爱你。"

有什么比听到自己孩子说"你是我最好的妈妈（爸爸）"更能让我们有做父亲母亲的幸福感、成就感和自豪感呢？在育儿过程中，父母和孩子必定会出现这样那样的"矛盾、问题和困扰"，关键在于我们有没有和孩子"心连心"，建立起健康、亲密的亲子关系。只有当彼此建立了充分的"连接"，育儿路上，所有的"术"才能真正发挥它们积极有效的作用。

甄颖

我们永远不会遇到一个"大脑盖子"永远合起来的人，没有人能够始终保持理智、冷静、耐心。只要是人，就会有发脾气的时候，而妈妈这个"职业"，更要常常面对自己发脾气的时刻。我们都是这样。

但我们都希望自己能够不对孩子发脾气，或尽量少发脾气。因为我们知道，自己的脾气会对孩子造成情感伤害。我们爱孩子，我们不愿用任何方式伤害孩子。

发脾气正常，发过脾气后怎么弥补给孩子造成的情感伤害，怎么让自己少发脾气才是关键。自责和内疚是必经过程，但不能解决问题。内疚自责过后，"从错误中恢复的4个R"是解决问题的有效方法之一。

这个故事中，妈妈王欣先意识（recognize）到了自己的过错，然后抱着小睿到属于她俩的空间（reconnect），接着给小睿道歉："妈妈刚才在楼梯那里语气不好，也不应该说再也不让你去Tina家玩的话，妈妈跟你道歉。"

显然王欣很少对小睿这样发脾气，所以这次发脾气对小睿的打击不小，小睿非常伤心。妈妈的道歉没有立竿见影，小睿还继续哭，也不愿和妈妈交流。

非常难得的是，王欣没有强迫孩子交流，只是"继续耐心地抚摸她的头和背，也不再说话"，这时候的确"无声胜有声"，这时候的沉默和抚摸，是向孩子传达"爱"的最好的方式。

当再次发生问题时，小睿的要求被妈妈拒绝，发脾气差点打到妈妈，妈妈不高兴。小睿自然而然地学妈妈，自然而然地用上了"从错误中恢复的4个R"（虽然孩子完全不知道这个所谓工具），亲亲妈妈，跟妈妈道歉。这4个R，是孩子的美好天性，有了妈妈的实际行动，孩子照做，自然顺理成章。

发脾气会给孩子造成情感伤害，但爱的力量更加强大。情感伤害的弥补方式，也是唯一的弥补方式，是爱，是给予爱。

4岁的孩子自己剪头发姥爷不管

 妈妈：Elly

 女儿：甄小美　4岁

谁剪的刘海？

我去美国参加"正面管教在学校"的培训，并受邀参加迪士尼世界的社会媒体妈妈大会。小美爸爸也要出差，中间有两天"断档"。于是我请我的父亲，甄小美的姥爷，到深圳来帮忙。

父亲提前一周到深圳，熟悉我们的生活习惯，也能和小美多相处一些时间。父亲性格温和，很有耐心，脾气很好。

那天我回到家，忽然看到甄小美的刘海变得很短，问她："你的刘海怎么这么短？谁给你剪的？"甄小美犹豫了一秒钟，带着狡黠的笑回答："老师剪的。"我心生怀疑："真的吗？请你告诉我真相哦。"

"真的是老师剪的。"

"不是你自己吗？"

"不是，是老师剪的，在学校剪的。"

甄小美越说，我越怀疑。我问父亲："她的刘海是谁剪的？"

父亲有点尴尬地笑了一下："还能有谁，她自己剪的呗。下午从学校回来，自己拿剪刀就剪了。我不让她剪，她就不听嘛。"

我简直难以相信——虽然甄小美3岁就学会用剪刀，但当这个4岁的孩子拿着剪刀举在自己眼睛前，要剪自己头发时，父亲竟然没有制止她？！

我怒气冲冲地当着小美的面，大声责备我的父亲："她说要剪你就让她剪，这多危险！她是个孩子，你是成人，你不制止她，这是成人的失职！"

父亲有点委屈："不让她剪，她就哭、就闹……"

"那也不能她说干什么就干什么，她就是哭到明天早上也不能让她做呀！"

我非常生气，甄小美在旁边不作声，有点胆怯地看着妈妈和姥爷。我转向她："甄小美，你说谎话，这是绝对不可以的。我现在非常生气，不能跟你说话。我现在不想跟任何人说话，等一会儿我觉得好一些了，再跟你说话。"

甄小美的卧室里有个粉红色的帐篷，里面有很多毛绒玩具，叫Aroza，是她的专属"避风港""安全岛"。她进去舒服地躺了下来。

父亲开口："还有个事想跟你说……"

"爸，我现在不想说话。等我好一点了，咱们再说吧。"

说谎会有麻烦，诚实不会

我洗漱完毕，叫甄小美出来。我的态度这时好了一点："咱们要睡觉了，睡觉前你需要做什么？"甄小美也显得平静："我已经刷过牙了，现在要换睡衣。"

我们躺在床上，我搂着她："你知道妈妈为什么生你的气吗？"

"因为我剪了头发。"

我温和清晰地说："不，不是因为你剪了头发。你是个孩子，这是孩子的行为。虽然这是个危险的行为，但你这样做我并不觉得生气。你不知道，但姥爷知道，他没有制止你，让我生气。而你让我生气的行为并不是剪头发，而是别的，你知道是什么吗？"

"我不知道。"显然我刚才生气时，甄小美并没有听进去我的话——正常现象。

"我生你的气，是因为你说谎话。妈妈明白，你剪头发，是因为你觉得刘海热，而且可能挡住了你的眼睛。你自己剪了，又怕妈妈说你，所以你说谎，这样就不会有麻烦。对吗？"

甄小美使劲点头，用手揪起短短的刘海示范："而且我把头发拉到上面，不是在眼睛前面，不会有危险。妈妈，我的头发很安全。"

我亲她一下："我明白了。我想让你知道，不论发生了多坏的事情，只要你诚实，就不会有麻烦。但如果你撒谎，那才会有麻烦。妈妈不是生你剪头发的气，而是生你撒谎的气。"

甄小美不说话，我能感觉到她正在思考这句话的意思。

再次感谢"正面管教"，让我和甄小美常常练习"角色扮演"。我深知这个方式的强大力量。于是建议："咱们用不撒谎、诚实的方式，重新来一遍，看看结果是什么吧？"甄小美立刻说："好！"

从错误中恢复的4个R

"咦，小美，你的头发怎么了，谁剪得这么短？"

"我自己剪的。"

"嗯……你自己剪的，为什么呢？"

"因为很热，挡住了眼睛。"

"你知道剪刀在眼睛前面很危险吗？你这样让妈妈觉得很担心。"

"我知道。但我是这样的！抓住上面，不在我眼睛前面。"甄小美又揪起头发示范。

"好的，我明白了。谢谢你告诉我实话。但下次不可以自己剪头发，你可以告诉我你的想法，然后咱们一起商量，或者我帮你剪，或者我给你做好保护，你自己剪。这样好吗？"

"好！"

我问她："现在你有什么感觉呢？"甄小美嫣然一笑："Happy！"

有点心碎

我接着问她："那刚才妈妈当着你的面对姥爷大声说话，你有什么感觉？"

本来我以为她会说"害怕、紧张"，没想到她的小脸上露出一丝难过："I felt a bit heart-broken（我觉得有点心碎）."听了这句话，我的鼻子都酸了，也明白了我现在正在气头上，不能跟姥爷说话，更不能去"讲道理"。

我搂搂甄小美："谢谢你告诉我，我有点后悔，我不应该对姥爷大喊。"我沉吟了一下，不知道接下去该怎么说。想了想，关注点回到甄小美身上："我再问问你，你是不是觉得跟姥爷在一起，你想做什么就可以做什么，姥爷拿你没办法，对不对？"

甄小美又笑了，有点得意也有点内疚："嗯，是的。"

很快甄小美睡着了，我也累得睡着了。

问自己一个问题

第二天早上起来，感觉神清气爽。父亲正在做早饭，我问："爸，昨天晚上你想说什么事？"父亲说："小美昨天回来以后，非要喝你从美国买回来的那个药，我也不认识。她说可以喝，不让她喝，她不听，自己冲了一杯喝了。过了一会儿，可能吃得不对劲还是别的什么，她把晚饭都吐了。"

我倒吸了一口冷气！明白甄小美喝的是维生素冲剂Emergen-C。天哪，幸好不是真的药！

我还是没忍住，开始给父亲"讲道理"："爸，我知道你已经尽力了，保护小美安全。有些事情你也不明白，不知道，或者不会，我都理解。但不管怎么样，那是你不认识的，是药。不管她怎么闹，你也不能让她随便吃药呀。幸好只是维生素……"

父亲显得很无奈："唉，本来我说待到月底再回去，现在我看还是早点回去吧。"

我听了心里很不好受，我该怎么办呢？

"正面管教"让我学会了：第一，我不能控制和改变别人，但我可以控制和改变自己。第二，专注解决办法。

这种情况下，不需要改变父亲行为习惯的解决办法是什么呢？

我开始思考，忽然明白一件事：甄小美其实比父亲更清楚家里的情况和规矩，这也正是个信任甄小美、锻炼甄小美自律的好机会!

我又跟甄小美聊天:"我理解你和姥爷在一起超级自由的感觉,但我也相信,你知道自己该做什么,不该做什么。但有的时候控制不了自己。我有个办法,你要不要听?"甄小美点头。我接着说:"今天姥爷接你放学,妈妈要过两三个小时才回来。当你又想做什么事情的时候,就问自己一个问题:'如果妈妈在家,妈妈会让我这样做吗?'比如你想喝水,你就问自己这个问题,答案是什么呢?"

甄小美觉得好玩,笑着说:"妈妈会说:当然可以!"

"如果是你想看DVD,这个问题的答案是什么呢?"

甄小美撇撇嘴:"不可以的……那我就不做了。"

"那如果是你想吃冰激凌,你问自己:'如果妈妈在家,妈妈会让我吃吗?'你的答案会是什么呢?"

"我……不知道。"

"可能很多事你的答案都是'不知道'或者'也许',这很正常。这时候你可以等一等,等妈妈回来;或者也可以请姥爷给妈妈打电话。两个方式都可以,你自己决定。我也会告诉姥爷,让他提醒你问自己。"

甄小美显得很高兴。待甄小美洗完澡,我抱着她来到姥爷面前:"我们想出一个办法……"姥爷听了显得很高兴,轻松不少。

道歉和爱的表达

吃着姥爷煮的馄饨,甄小美摇头晃脑,我也很开心早上的时间可以这么轻松。但多年的习惯让我难以启齿表达,不知道该如何表达我对父亲的感激……

这时我想到了"从错误中恢复的4个R",其中最重要的是：道歉。当着甄小美的面，我诚恳地对父亲说："爸，昨天晚上我当着小美的面对你喊，态度不好，对不起。以后我要多学习控制自己的情绪。"

父亲笑了一下："没关系，你不对我喊对谁喊？"

我心里又甜又酸……想了一下我又对父亲说："不光是不能当着小美的面对你喊，不当着小美的面，也不能对你喊。"

能感到甄小美虽然没说话，但听得很认真。我问她："还记不记得昨天晚上，妈妈问你：'姥爷爱不爱你？'你说什么？"

甄小美毫不犹豫地说："爱！"

"那你爱不爱姥爷呢？"

"爱！"

"为什么？"

甄小美没有想到我会问这么个问题，想不明白，只好说："不知道。"

"因为你是姥爷的女儿的女儿。姥爷爱你，也爱妈妈。就像妈妈爱你一样。没有原因，就是爱。"

甄小美和父亲都舒心地笑了。

甄颖

对很多人来说，面对父母长辈时，4个R中，最难的一环，通常是"和解、道歉"。话到嘴边，却难以开口。

殊不知，我们的父母，即使没有听到道歉的话，只要感觉到我们的态度和心，都会第一时间原谅我们。

反倒是我们，常常难以原谅父母的过失。我以前对爸爸妈妈有很多心结。庆幸的是，这几年生活的变化和学习了"正面管教"，让我学会了感受他人，理解他人。我在慢慢地改变。其中改变最大的是人际关系，不是和甄小美，而是和我的父母。

表达内心世界的
"我"句式
"I" STATEMENT

导读

本章运用" '我' 句式"
作为正面管教的主要工具。

◆ 含义

20世纪70年代，托马斯·格登在给孩子做心理辅导时提出了"我"句式，和"你"句式相对。1970年他将这个概念加入他的《PET父母效能训练》一书中。"我"句式通常用来表达自己的主观判断和想法，而不会对听者造成冒犯和对立。"我"句式也可以用来表达建设性的批评。

◆ 关键态度

情绪诚实。

◆ 技巧

接纳并认可自己的负面情绪；

通过语言准确表达；

提出尊重自己、尊重孩子的可行解决方法，或客观提出问题所在，与孩子一同或请孩子解决。

◆ 基本句式

我觉得（准确的感觉），是因为（造成前面感觉的原因），我希望（相互尊重的解决方法或启发式提问）。

生了一晚上气

 妈妈：虫虫

 儿子：威威　2岁8个月

孩子委屈，老公生气，我烦躁

这天晚上，老公要加班，九点半才回来。一回到家，就看到我气鼓鼓地坐在沙发上，而威威在房间里大哭。

原因是：威威原本可以自己睡觉，回到深圳后，我陪他睡了几个晚上，结果入睡越来越晚。今晚，我本来陪着他睡，但一想到他睡着后我还有好多事情要做，陪着陪着，我开始烦躁。跟他商量未果，我就生气了，把他自己留在房间里。威威自然委屈大哭。

老公先进屋看了看威威，又出来看了我一眼，一句话没说，就把自己关到另一个房间去了。我听着孩子的哭声，既心烦又心疼，看到老公没理我就进屋，心里更是委屈。

我忍着情绪不爆发，进房间安慰威威："你是不是觉得特别委屈，特别难过，想让妈妈陪着你，妈妈却生气出去了？"他含着眼泪点头。

我继续说："妈妈现在心里特别烦躁，主要是因为我有太多事情要处理，想等你睡着了来做，可是你翻来翻去也不睡，我就开始烦了。我现在有点控制不了自己的情绪，我需要冷静一下，今晚可以请你自己睡觉吗？"

我看得出来，威威用了很大的克制力，让自己不哭，他咬着嘴唇，委屈地点点头。我深呼吸了一下，走出房间。我明白这不是孩子的错，但这个时刻我确实控制不了自己的情绪，再待在他身边，我一定会爆发的。

从孩子房间出来后，我又去找老公。可对老公不像对孩子那么简单，成人的心也不像孩子的那么简单。我和老公情绪都不好，结果两人"一点就着"。

我想真实面对孩子

直到第二天早上，我积压的情绪都还没有缓解。正当我在洗手间哭得很伤心的时候，威威喊："妈妈，我醒了！"我和老公都几乎没有见过父母当着自己的面掉眼泪。所以老公第一反应是："你别去了，我去。"

我说："我想真实地面对孩子。"

威威睁开眼，看到一个眼睛通红，鼻涕眼泪一起流的妈妈，有点吓到了，撇嘴要哭。我马上说："妈妈现在感觉很伤心，很委屈，所以哭了。这不是威威的错，你可以给我一个抱抱么？这样我就会感觉好一些。"他马上张开他小小的双臂，毫不吝啬地给了我一个大大的抱抱。

我在他紧紧的小怀抱里很快平静下来，跟他说："妈妈也和你一样，也有伤心、难过的情绪，也会哭。每个人都会哭，

这很正常。你抱抱我，我现在感觉好多了。这些情绪都会过去的。妈妈难过的时候也需要你的帮助、你的力量。谢谢你！"他微笑着看着我，又给了我一个更紧的抱抱。

我想到了昨晚的事，跟他说："妈妈还要谢谢你的是，昨晚妈妈感觉不好的时候，你表现出了很大的忍耐力，坚持自己睡觉，这真的很不容易，就算是我也很难做到，这就是控制力。谢谢你理解我！"他笑着替我抹眼泪，我说："我还有鼻涕呢。"他被我逗乐了，要拿纸巾给我擦鼻涕。

威威不但没有被我昨晚的负面情绪影响到，也没有被我今天早上的不良情绪影响到。

是啊，我是个妈妈，不是神，我不再在孩子面前掩饰我的负面情绪，因为我知道，压抑的负面能量并不会让人更有力量。而我的孩子也会学到对他一生有益的一件事，情绪诚实。

也许老公听到了我和威威的对话，居然主动提出用"角色扮演"的方式解决问题。我俩互换角色，"重现"昨晚的情形。演的时候我一下子明白了：老公看到那个气鼓鼓的妻子时，心里是什么感觉，也明白了当时他为什么不想理我。而他也通过互换角色明白了，他不能用让我感觉更糟的方式（关门不理人）对待我，却期待我做得更好（平缓情绪，恢复快乐）。最后，我们找到了症结：不管对孩子的陪伴，对老公的关注，还是对自己的事，虽然花了不少时间，但却不够有质量——我缺乏有质量的时间。

有质量的陪伴

第二天晚上，我放下所有的事情，在床上搂着威威，全心投入地给他读了《卡梅拉》。关灯时我问他："你是想自己睡还是妈妈陪你？"他说："你陪我吧。"我又问："那你是想我陪你到睡着？还是只陪一会儿后我去做自己的事呢？"我以为他会选陪他到睡着，结果他问我："你要去做什么啊？"我说："洗澡。"他想了一下，说："那你现在去吧。"我以为自己听错了！昨晚还哭着让我陪，陪他睡他反而越睡越晚，让我产生烦恼的小家伙，怎么突然就同意我走了呢？

后来在"正面管教"的微信群里和妈妈们聊了这个困惑，一位叫木木的妈妈说："我看到不一样的一面——威威多么享受和妈妈在一起的时光啊，所以才会在和妈妈一起睡时，更晚睡着。分别了四个月，终于见到妈妈，终于回到了自己家里，妈妈就在身边，威威怎么舍得睡着呢？"

现在我明白，当我给了他有质量的时间，有质量的陪伴，满足了孩子的心理需求，孩子心里充满了安全感，自然会回到理智的状态，体谅妈妈！

甄颖

　　在我的教材中，用两个手势表达"我"句式的本质：一个是手指他人的图画上打了个叉，一个是一只手掌放在自己的胸口上。意思是，发生问题时，"我"句式不是指责别人，而是表达自己的感受，提出建设性意见和建议。

　　"我"句式，听的人会觉得很自然，但对于说的人却不容易。"我"句式要表达出自己的负面感觉，就好像将自己不美丽的一面主动呈现给别人看，那多让人不舒服呀！规避痛苦，是人的天性，而"我"句式却要表达痛苦。

　　而且，听起来"我"句式是在示弱。"我很烦躁""我觉得委屈""我现在特别难过"……发生问题时，通常双方都有责任，我们不是跟对方讲道理，而是"示弱"，这也太让人难受了！

　　然而上过"正面管教家长课堂"，并使用过"我"句式的家长们都能体会到：主动示弱的背后，是强大的内心力量——内心有力量的人，才不怕将自己的"不美好"呈现出来。这是对自己的内外一致，是对自己、对他人的诚实一致。

　　正是因为这个一致的诚实力量，让"我"句式成为一个非常有力量的方法。我们说出自己的感觉，就是主动和对方建立情感连接，让对方明白并理解自己，形成两个人的归属感。

　　负面情绪谁都有，如虫虫所说："压抑的负面情绪，不能让人更有力量"——面对自己的负面情绪，表达出来，主动得到他人的理解，一同寻求解决方法。我们就是通过这样的言行，言传身教，使得我们的孩子拥有强大的内心力量。

让孩子了解妈妈

妈妈：虫虫

儿子：威威　2岁8个月

4个月后不了解孩子？

5个月前，我成为一名兼职"正面管教"家长讲师，对"正面管教"的内容、工具更加熟悉了。4个月前，因为我和老公的工作关系，我们不得不把2岁半的儿子威威送回老家。4周前，我辞了银行的工作，把孩子从老家接回来。

当我4个月后再次面对孩子，我发现和他相处反而不如以前自如。威威稍不如意就哭，而我很多时候不知道他哭闹的动机，我尝试了很多方法，他还是哭闹不止，让我很有挫败感。

幸好我明白，错误是学习最好的机会，我需要不断尝试，不断练习。

热酸奶

一天早上，我从冰箱里拿出酸奶，跟威威说："太凉了，我

得热一下再给你喝。"他一下子急了，哭喊着说："我就喜欢喝凉的！我要喝凉的！"我自然没同意，拿到厨房热了。威威开始大喊大叫！我心里嘀咕，他平常最爱喝酸牛奶啊，怎么会哭个不停了呢？

热完奶，我蹲到他身边："来，妈妈抱抱。"他一边委屈地哭着，一边张开双臂向我扑来。

我抱他坐到沙发上，跟他共情："你是不是觉得挺郁闷？因为你都说了要喝凉的，我没听你的话，给加热了。你希望妈妈一从冰箱里拿出酸奶，就给你喝？"当我说出"郁闷"时，威威不哭了，撇着嘴点头。

但我想：真的仅仅是因为我没按他说的做，没给他喝凉的酸奶么？他以前都不介意的啊？是不是还有别的原因？我又试探地说："你是不是还挺着急？因为你特别想喝酸奶，妈妈一热你就不能马上喝了？"这次，他使劲点头！原来，这才是真正原因，他想喝喜欢的酸奶，而且是：马上！立刻！现在！一秒钟也不愿意等！

理解了孩子，我心中有数了。我问他："你想听听妈妈的感觉吗？"他点头。我说："今天天气有点凉，你昨晚还咳嗽了，我担心你喝了刚从冰箱里拿出来的酸奶，胃会更凉，也有可能会肚子疼。我必须先考虑你的健康。我希望能找到一个既能让威威更快喝到酸奶，同时又健康的方法。你觉得呢？"

这时他完全不哭了，抬头看我，问："那现在酸奶热好了吗？"我笑："当然热好了，妈妈给你拿一个小碗晾晾吧！"

问题就这样顺利解决了，这次早餐变得轻松又愉快。

我很庆幸自己能多想一层，理解孩子只是"着急"，而不是故意和妈妈对着干，也没有埋怨孩子故意不听话。当孩子明白"妈妈理解我了"以后，再用"我"句式让孩子也理解妈妈。然后，再提出合理的解决方法，这时孩子就会作出正确的选择！

让孩子了解妈妈

这几个星期以来，我不断用共情猜测和确认威威的感受，越来越了解他，共情的点也越来越准。让我惊喜的是，威威也很快学会主动表达自己的情绪。他会说："我刚才生气了，是因为你没有让我看电视！"而不再像刚回来时那样，用哭闹来表达自己。

与此同时，我对"表达自己感受"的"我"句式也越来越熟练。

开始使用"我"句式时，我要么只能找到自己"生气""不开心"这些表面的感觉，要么根本不知道自己准确的感觉。特别是在孩子哭闹很久，用了很多方法都不管用时，就更明显。

有一次，威威哭闹了很久，我尝试了能想到的所有方法。最后很郁闷地放弃了，跟威威说："妈妈感觉好沮丧啊！而且非常无力！因为我不知道你到底在想什么？我也不知道怎么能让你感觉好起来？我真的没有办法了，我感觉好想哭啊！"

没想到，威威反而不哭了！看着我说："妈妈，我想听你的事儿。"

"什么事儿？"

"你想哭的事儿！"

我这才发现，原来我当时的感觉是"无力"！无意间我准确地表达了自己！从那次以后，我会尽量去找自己最真实的感觉，用"我"句式表达出来。现在遇到问题，威威常常主动说："妈妈，我想听听你的感觉。"每次，威威都会认真地、平静地，睁着大眼睛，全心投入地听我说自己的感觉。那一刻我们俩之间的沟通，既顺畅又全面。

当威威刚上幼儿园时，他哭着说："我要妈妈陪我上课！"我说："我理解你的心情，一想到和妈妈会分开，你很伤心和难过，对吧？当我看到威威哭着不想上学，我感觉很无奈，也会有点不安。因为我不能答应你的要求，陪你上课。我希望能有一个好办法，让妈妈不在威威身边的时候，威威也能安心上课。"结果是，他想到一个好办法：带一张妈妈的照片，一直拿在手里。

我越来越明白：孩子其实是多么渴望了解自己的妈妈啊！

表达内心世界的「我」句式

甄颖

　　共情，是我们接纳孩子的情绪，体谅孩子的想法。而"我"句式，则是向孩子说出我们的感受（不是"我们的道理"，"感受"通常是一个词，"道理"通常是一大堆话），我们的想法。两者结合，就是完整的情感沟通，孩子就能和我们"心连心"。

　　共情是让孩子知道：生气、郁闷、伤心、难过等负面情绪都没错，他有权利和自由产生任何负面情绪。但共情不代表我们纵容孩子的行为，比如哭闹耍赖、不上幼儿园、打人等。这时还可以用"我"句式告诉孩子，他的行为对妈妈的影响，带给妈妈的真实感受。然后，再和孩子一起想解决方法。

　　这样，就找到了温柔而坚定的方式。

哼 唧

 妈妈：老徐

 儿子：花展　3岁

上周，花展在亲子班课间，上完厕所洗完手后，我也想上厕所，于是让他先回教室等我。我刚想锁门，忽然听见他在门口用哭腔哼唧，叽里呱啦地说了一堆不知所云的话。

我实在不喜欢小孩子哼哼唧唧，特别是男孩子——这是我的"软肋"之一。换作以前，我一定冲上去严肃地说："请好好说话！"或者干脆生气地扭头不理他，直到他恢复正常为止。

而这次，他的哼唧又一次让我生气。我折回到门口，将他往走廊拉。但是，就在这个拉扯的过程中，我忽然意识到，自己有些

失态。这样不行！我脑子迅速转动，不停地闪过学过的"正面管教"工具。我尝试运用一个新学的工具"我"句式。

我蹲下来，平静地看着花展，说："妈妈听到你哼哼唧唧，觉得很烦，很生气。我讨厌这样的表达方式。因为你长大了，会用语言表达了，哼哼唧唧的方式我听不懂，不明白你的想法。我希望你能好好说话。妈妈非常乐意与你沟通，并帮助你。"

我刚说完，花展就停止了哼唧。他用一只手捂着我的嘴，意思是"别说了，我明白了"；另外一只手指指自己的衣袖，清楚地说："妈妈，请帮我放下去。"哈，不但说得清楚，还用了"请"字！

我点点头，将他的衣袖整理好。他又接着说："妈妈，你去厕所吧，我在门口等你，好吗？"我实在太惊喜了！

等我从厕所出来，小家伙果然还在门口候着。我俩手牵手一起回教室去喽！

甄颖

"你怎么一不顺心就哼哼唧唧的"；"你是个男孩，不要哼唧！要坚强，有男孩样"；"你别老是哼哼唧唧，好好说话"……这样的话，主语是"你"。听的人会觉得被批评、被指责，自然反应是为自己辩护，或者反击等，容易引发矛盾。

"妈妈听到你哼哼唧唧，觉得很烦，很生气。我讨厌这样的表达方式。因为你长大了，会用语言表达了，哼哼唧唧的方式我听不懂，不明白你的想法。"这句话的主语是"我"。坦承自己的负面感受，让对方明白，并不是直接指责对方，而是清楚地告诉对方我们的希望。这就是正面沟通。

有的家长会担心把自己的负面感受告诉孩子，会让孩子不高兴，会影响孩子也感觉不好，怕给孩子造成情感伤害。

孩子不像我们想象的那么脆弱，孩子更愿意听到实话。就像这个故事，花展更愿意看到、了解妈妈真实的一面——"妈妈听到你哼哼唧唧，觉得很烦，很生气。我讨厌这样的表达方式"——正如孩子天生情绪诚实，当妈妈对自己情绪诚实，表达出自己的负面感觉，孩子反而会觉得有安全感。而且，"我"句式除了要告诉对方我们的感觉（不是我们的道理），还要说出引起这个感觉的原因——"因为你长大了，会用语言表达了，哼哼唧唧的方式我听不懂，不明白你的想法"——妈妈的感觉不是空穴来风，而是有理有据。感觉是主观，这里则是客观。

除此之外妈妈还能提出相互尊重的希望——"我希望你能好好说话。妈妈非常乐意与你沟通，并帮助你"——这是可行的解决方法，是理智。

好妈妈，不是让孩子一直高兴的妈妈，那是取悦孩子。好妈妈，能够帮助孩子理智面对生活中的起起伏伏，不仅能够面对正面情绪，也能够面对负面情绪，还能培养出解决问题的能力。

校车安全带

 妈妈：Elly

女儿：甄小美　5岁

站在校车第一排！

校车开过来，我一眼看到甄小美站在第一排，兴奋地看着前方，站着！我的火"腾"的一下蹿了上来，又是这样！上一周，校车上的女老师告诉我，甄小美特别喜欢坐第一排，而且不想系安全带。我告诉老师："这是生命安全，她不想系，您也必须让她系。即使她哭也没关系。"老师说"好好好"。这周，这位校车老师请了三天假，换了一位男老师。甄小美又故伎重施。

我能想象到，甄小美一路上都坐好，系着安全带。应该是离开马路，拐进支路，快到小区门口时，她自己解开安全带，站起来。替班的校车老师也许觉得这不危险，所以放任不管。

只要车在行驶，孩子们就要系着安全带——我认为这是校车安全的原则。

慢慢走　慢慢想

　　我心里有火，但知道不能在甄小美同学面前、老师面前发火。从看到甄小美到校车门打开，她开心地跳下车，向我扑过来，不到1分钟，我深呼吸几次。怒火先暂时放在一边。

　　从小区大门走向回家的路，我走得很慢，思索我应该怎么做，如何应对这个大问题。我真想打甄小美一顿屁股，说不定这样她就怕了，就记住了！可是，这样很有可能在她的童年记忆里留下伤痛。我小时候也挨过不少打，我十分清楚孩子挨打的感受和对今后的心理影响。或者强硬地要求老师"特殊关照"她？可是这样的话，"校车时间"很可能成为甄小美的"痛苦时间"，车上的小朋友们会怎么看她？

　　我一边走一边想，想明白了一点：这两种方法，都是他律；甄小美的安全，自律是根本。

　　怎么让甄小美意识到校车安全的重要性呢？道理她早就懂，那么还有什么，是她需要知道的？解决方法是什么？

　　啊，我想到一点：当甄小美站在前面时，她的感觉和我的感觉完全不同。而她根本不知道这一点。我知道该怎么办了！

我的三个感觉

　　回到家，放好东西。我坐下来，把甄小美抱在腿上："我想跟你说说校车的事情。"

　　"好的，妈咪。校车怎么了？"

　　"你知道当我刚才看到你站在第一排，有什么感觉吗？"

"不知道。"

"我有三个感觉：害怕、担心、大怒。"

我们已经建立起了感情安全氛围，甄小美对"谈感觉"非常熟悉："害怕、担心、大怒？为什么呢？"果然，她不知道这件事对我的影响。

"当我看到你站在第一排，那么大的车，假如发生意外，我简直都能想象到你飞出去、撞在车玻璃的样子，这让我心惊胆战！因为我最爱你，我不能承受你受重伤，不能承受你有生命危险，我不能承受失去你。"说到这，我的眼睛红了。

甄小美跟我开玩笑："那你就可以有个新女儿了呀。"

"小美，这个玩笑对我来说，并不可笑。你这样说反而伤害我的感情。因为，对妈妈来说，没有人可以替代你。"

甄小美摸摸我的脸："妈咪，我知道。"

我继续说："我还觉得担心，是因为一想到你在校车上，也许系着安全带，也许没有系安全带，我就无法集中注意力在我的工作上，非常提心吊胆。"

"哦，大部分时间我系着安全带。但是一坐到第一排，我就觉得很兴奋、很好玩，我就忘了。"甄小美条理非常清楚地解释。

"再跟你老实说，刚才看到你站在校车上，我其实大怒。对你生气，也对你的老师生气。他没有尽到保护你安全的责任，你也没有尽到保护你自己安全的责任。而保护你的安全，你自己最重要！我当时气得都想打你了。"

甄小美睁大眼睛："你要打我吗？"

我抱抱她："当然不是。我是'气得想'，不会真的打。你知道，人们生气的时候，容易有很疯狂的想法，但不代表会落实在行为上。我跟你保证过，我不会打你。这个承诺，仍然在你手里。"

甄小美说："好的，妈咪。可是我真的会忘记，我不是故意的。"

我并不知道甄小美说的"忘记"，是真忘，还是找借口推脱。不过，这不重要，我知道不需要在这里跟孩子较真。我要关注的，是解决办法。

"提醒卡片"

"我信任你。你只需要提醒而已。"当我无法得知真相时，我选择相信自己的孩子。"而且，你也没有真的出意外，现实情况是你完好无损，那些只是我的担心和害怕。那我们来想个办法，怎么可以提醒你兴奋的时候也不忘系安全带？"

"我不知道。"——这个回答在我意料之中。

"这样好吗？你坐在你的小椅子上，用你最喜欢的妈妈的粉红围巾，假装安全带，系在你的腰上。我拍一张照片，然后打印出来，你上校车时我给你，你看到这张照片，就提醒自己系好安全带。你觉得怎么样？"

"好！"

我一边给甄小美系"粉红围巾安全带"，一边说："这条围巾不仅仅是安全带，更是妈妈的爱，系好了，用妈妈的爱踏踏实实保护你的安全。"

甄小美想了一下说："我有时候也会在校车上吃东西，这样也不安全。"（校车规定之一便是不可以吃东西，以防发生呛噎意外）

"那你要怎么提醒自己不在校车上吃东西呢？"

"我拍照时把嘴巴捂住。"

腰上围着粉红围巾，甄小美先拍了一张扭头挥手再见的照片，又拍了一张用粉红围巾捂住嘴巴的照片。

我把两张合在一起，打印出来，贴在一张硬纸上，照片下面有5个椭圆，每个椭圆上面，我画了一个心形："你看，这5个心形代表妈妈对你的爱，每天坐校车时，你看到这张'提醒卡片'，就会看到妈妈的爱，系上安全带。回到家，你自己在椭圆下方也画一个心形。你看这个主意怎么样？"

甄小美特别喜欢，拿着卡片立刻放在嘴上亲了一下！

给妈咪的"提醒卡片"

第二天早上出门前，甄小美把"提醒卡片"拿在手里，时不时看一眼，脸上露出微笑。忽然她想到了什么，问我："妈咪，那你要去工作，你拿什么能代表我的爱，也让我的爱提醒你保护自己安全呢？"

我又惊又喜，甜甜地亲她一下，正好看到桌上她写给自己连在一起的穿孔中英文识字卡片："那我带着你的这些'喜欢词语卡片'吧。"

"好，这是我给妈咪的提醒卡片。"她又想到一个问题，"妈咪，你怎么去工作呢？"

"我坐地铁。"

"那你要记得抓牢栏杆哦！"

"好，我一定提醒自己记得抓牢栏杆。"

我们各自带着"提醒卡片"，带着对方的爱，奔赴自己的

"岗位"。

5天过去，"提醒卡片"的椭圆里，画了10个心形！我搂着她说："现在不需要别人，你就能记得提醒自己。这就是你在保护自己的安全。"甄小美说："是的，我知道坐校车的安全规则是什么，而且我能做到！"

甄颖

每当甄小美出现站在校车第一排这样"挑战底线"的情景时，也是我的"软肋"被她戳到的时候，我的"大脑盖子"打开的时候，也是我容易回到旧行为习惯的时候。

记得有次在"正面管教家长课堂"上做完最后的"家长帮助家长"环节，课堂上的家长们就一个问题，想出了17个解决办法！分享问题的家长感慨："办法总比问题多呀！"

办法总比问题多。每当我"大脑盖子"打开时，就会想起这句话。

我非常庆幸和感恩，日积月累，我和甄小美之间建立了安全、直接的沟通方式。我俩能够辨认接纳自己和他人的负面情绪，还能表达出来。我们能互相理解，平等交谈。所以，甄小美很少把自己当作小孩子，她不怕受伤。她会爱，会被爱。

"正面管教"，不是让我们的生活中没有摩擦或"战争"。我和甄小美之间，仍然发生各种各样的摩擦，但我不再需要刻意压抑自己的负面情绪。有时候我会大喊会急躁，有时候我温柔有耐心；有时候她冷静乖巧，有时候她倔强无理。我们的生活自然、真实。表面平凡琐碎，心里平静踏实。

"正面管教"让我学到的是教人成为内心有力量、有爱的人；"正面管教"教会我如何成为一个更有"自我能量"的人，并且如何将自己的"能量"默默传递给孩子和周围的人。

跟孩子诚实谈情绪

 妈妈：Fairy

 女儿：恩恩　2岁8个月

晚上回家得知了一件事：恩恩没有穿纸尿裤，午睡时尿湿了床单和睡袋。又看到满地满沙发的玩具，我的心情一下子烦躁起来。

关于纸尿裤的问题，从恩恩小时候到现在，多次提起。恩恩姥姥一直不太赞成使用纸尿裤，她觉得恩恩现在2岁多了，不应该再穿纸尿裤了。而我觉得，恩恩自己准备好了，自然会脱离纸尿裤，要看恩恩自己的情况。而且恩恩睡着的时候，穿着纸尿裤，又方便，又不需要打扰恩恩睡觉。

恩恩看到我皱着眉头，问我："妈妈，你生气了吗？"

我不想影响孩子的心情，就说："没有啊。为什么这样说呢？"

"因为你这样这样，好丑。"她边说边努力皱着小眉头，想学我的样子，挤眉弄眼的可爱样子逗得我和姥姥哈哈大笑。

我问她："你是不是不喜欢妈妈皱眉头的样子？你觉得那样不好看，对吗？"

她点头："是的。"

"那妈妈这样好看吗？"我做出眉头舒展开心的样子。

167

她点点头："好看。"

这件事就这样不了了之，没有再提起，但我心里还是有些不舒服。

晚上刷牙，我发现她牙齿缝里塞了肉，但她不愿意我帮她刷掉。我用不悦的口气对她说："必须让妈妈帮忙，不然晚上虫子就会来把你的牙齿全部吃掉！"

恩恩听了我的话说："我不想虫子吃我的牙齿。虫子去吃别的小朋友的牙齿吧。"我听了这话，肚子里的气更多了。

然后我开始收拾屋子，恩恩又不愿意自己收拾玩具。我不耐烦地对她说："把玩具捡起来！如果自己的玩具自己不收拾的话，我就全部扔进垃圾桶！你放在地上就等于不要了。"

恩恩默默地把玩具捡起来，我们进房间准备睡觉。我必须先给大床铺上新的床单，可是，恩恩完全不管我要铺床单，她像往常一样在床上跳来跳去。我烦透了，请她让开。她从床上下来，但在旁边转来转去。我很生硬地说："恩恩，请你让开，到你的床上去，我要铺床。"

她爬到自己的床上对我说："我现在没有跳咯，我在小床上咯！"

铺完床，我躺在床上想了10秒，发觉自己今晚心情很差，态度也很差，语气更差！恩恩还是坐在小床上，看着我，一言不发。但看得出来，她心情很平静。我铺床的时候，她在一边自己玩，一边还叽叽喳喳地唱着歌。

我意识到自己的"大脑盖子"打开了，我需要回到理智状态，因为我爱恩恩，我可以用更好的方式处理。我想到了"正面管教"里学到的一个概念：情绪诚实。

我静默了10秒钟，调整了情绪，对恩恩诚恳地说："妈妈今天晚上心情有些不好，确切地说，我很郁闷。"

恩恩："妈妈为什么郁闷啊？"很明显，她不懂"郁闷"的意思。

接下来的话，我自己都感到惊讶。我对恩恩说："妈妈郁闷的是，昨天刚换的新床单今天就弄脏了，我很喜欢的新床单，但是换掉了。我还郁闷的是，你还不太会憋尿，睡觉的时候尿床会让你睡不好，我希望你能好好睡午觉。"我长这么大，极少把自己不好的情绪流露出来，因为我不知道怎么面对，更不用说表达了。今晚，我竟然说出来了。那一刻的感觉，难以言喻。

"我长大了，我不用穿'尿不湿'了。"恩恩学姥姥的口气说。

"嗯，你比以前大了。可是当你睡着了以后，你还不能控制自己尿尿，这样如果没人叫你起来，你就会尿床，尿床就会睡不好。而妈妈觉得好的睡眠，比起床尿尿更重要。等你再长大一点，自己的身体能控制了，就不用再穿'尿不湿'了。"我仿佛打开了话匣子，不知不觉心里话全都说了出来："还有，这几天都在下雨，睡袋晒不干。没有睡袋，妈妈担心你晚上会着凉生病。还有，妈妈今天上班有些累，看见家里很乱，我需要收拾，盆子里还有好多尿湿的裤子要洗，我觉得我有好多事情要做，我有些烦……你能抱抱我吗？"

恩恩立马扑过来，趴在我身上抱住我。

我感受到女儿小小的身体，心打开了！我又问她："可以紧紧地抱吗？"（我俩常常紧紧地拥抱对方）

女儿立刻说："可以的！紧紧地！"

我把她紧紧地抱在怀里，眼眶一下子湿了……我抱着她说："妈妈今天冲你发脾气了，你讨厌我吗？"

"不讨厌呀！"

"那我对你大声说话，你讨厌我吗？"

"也不讨厌呀！"

"那你喜欢我吗？"

"喜欢啊！"

我的眼泪一串串往下掉。我搂着她说："妈妈也好爱好爱恩恩呀，恩恩发脾气的时候，妈妈也不会讨厌恩恩。"

"我也好爱妈妈呀！"恩恩爬起来，看我在哭，说，"妈妈你流眼泪了，为什么流眼泪啊？"

"那你能帮我拿张纸巾吗？"

她拿了一张纸巾递给我："妈妈，我帮你擦。"小手在我脸上胡乱抹了一通。我还是忍不住，继续哭。

恩恩又说："妈妈眼泪又流下来了。"她用手指了指我的脸颊："在这里，流到这里来了。"我把她一把搂过来："妈妈现在不哭了，心情不郁闷也不烦躁了！我们聊会天吧？"

恩恩开心地躺在我旁边说："妈妈，聊兔兔妈妈的故事吧！"

"兔兔妈妈和兔兔宝宝躺在床上聊天。兔兔爸爸去上班还没有回来，兔兔宝宝让兔兔妈妈讲个故事。兔兔妈妈说：'兔兔妈妈和兔兔宝宝躺在床上聊天，兔兔爸爸去上班还没有回来，兔兔宝宝让兔兔妈妈讲个故事……兔兔妈妈说：兔兔妈妈……'"

"妈妈，怎么又是兔兔妈妈啊？怎么总是兔兔妈妈啊？"我俩大笑起来。

我问恩恩能不能自己一个人睡觉，因为我很想去把衣服洗了。她说："我一个人会害怕呀。"我告诉她："我会打开小灯，打开房间的门，如果害怕可以叫我，我就在洗手间，兔兔、米奇、米妮还有新被被都可以陪着你。"

她想了想说："好吧。"

我刚出来，恩恩就叫："妈妈！"我一边答应一边走进洗手间。她问："妈妈，你在哪里呀？"我说："我在洗手间。"

她问："你在干吗呀？"我回答说："我在洗你的衣服呀。"她说："你到房间里来洗吧！"我走到房间门口对她说："我不能在房间里洗衣服，那样会把地板弄湿的，而且房间光线很暗我看不清，你可以自己一个人待会吗？我洗完衣服就来陪你。"

恩恩说："好的，你去吧！"

我把衣服洗好晾好后，悄悄走到房间门口。恩恩看到我说："妈妈，你吓死我了！"这让我忍俊不禁。

我躺到床上跟她亲吻说晚安，然后掏出手机："妈妈在旁边看书陪你，你好好睡觉吧！"没一会儿，恩恩就甜甜地睡着了。

这个夜晚我觉得自己好幸运，我有这样一个女儿，让我在她身上找到了情绪安全。她不介意我在她面前发脾气，她不讨厌发脾气的妈妈！这辈子，我最荣幸、最幸运的事，就是做她的妈妈。

甄颖

我们的父母长辈，很多人没有和晚辈、和孩子沟通情感的习惯。因为和孩子谈情绪，聊感觉，会让我们的父母不舒服，不自在。这并不是他们的错，只是他们没有这个习惯而已，当然也就无法教会我们。

和家长进行情感交流，能给人带来巨大的心灵相通和情绪安全，每位孩子都渴望和需要这一点。

有这样一位明白"情绪诚实"，也会通过"我"句式表达自己情绪的妈妈，有这样一位肯和自己坦诚交流，真诚相对的妈妈，也是恩恩这辈子的幸运！

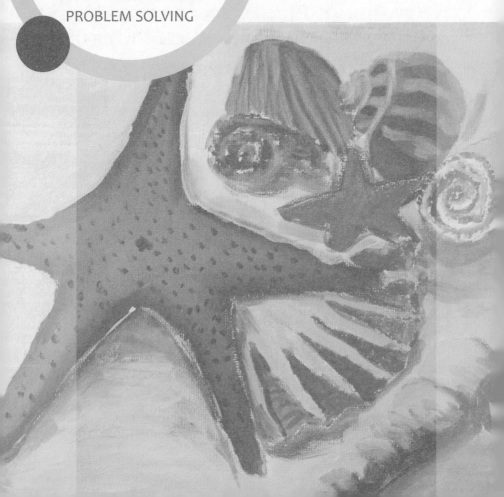

共同解决问题的

7个步骤

SEVEN STEPS OF JOINT
PROBLEM SOLVING

导读

◆ **含义**

当你感到和孩子之间的沟通有障碍，造成了孩子对你的敌意和不满时，"共同解决问题的7个步骤"可以帮助你，你和孩子都会感到被理解了。当孩子觉得你理解他们的观点时，他们就会受到鼓励。一旦他们觉得被理解了，就会愿意听取你的观点，并努力找出解决问题的方法。

◆ **关键态度**

友善、关心和尊重是赢得孩子的根本。

◆ **技巧**

在孩子们感到你在倾听之后，他们才更可能听你的。

1. 开始谈话。

找个双方都情绪平稳的时间和地点，和孩子坐下来："我有件事想跟你谈谈，就是_____。我希望咱们能一起找到解决办法，你愿不愿意谈一谈？妈妈保证不发脾气，不生气。咱们都保证不互相指责。"——最后一句很重要，目的是为了保证谈话的情绪安全。

2. 倾听孩子的想法。

如果孩子不同意，告诉他："好，我明白。等你想听的时候咱们再谈。"——不强迫，情绪安全。如果孩子同意，问："你对这件事有什么想法？你的感觉是什么？"听孩子说完后，用共情重复孩子的话。——让孩子先说，家长先听。倾听的同时，只需要共情即可，而不要点评，也不要着急给孩子讲道理。如果孩子说不出自己的感觉，家长可以询问："是不是觉得……"

3. 说出自己的感觉。

听孩子说完，问孩子："你想不想听听妈妈的感觉是什么？妈妈的感觉可能和你的不一样，这很正常，每个人的感觉都不一样。"然后，诚实地告诉孩子你的感觉。使用"我"句式——告诉孩子"每个人感觉不一样，这很正常"，和第一步的最后一句同样重要。这一步不容易的地方，在于诚实地告诉孩子你的感觉，而不是你的道理。有家长到了这里就不由自主地将谈感觉变成了讲道理。谈感觉是谈心，讲道理则容易变成说教。

4. 感谢孩子。

说完以后感谢孩子："谢谢你听我说，也谢谢你告诉我你的感觉。"——这样的感谢虽然简单，但对于培养孩子和家长谈心的习惯，也就是前面3个步骤，非常有帮助。

5. 启发孩子解决问题的方法。

问孩子："你觉得你/我们能做些什么，来解决这个问题/困难？"或者使用启发式提问。听孩子说，或和孩子一起"头脑风暴"。不批评、点评、否定孩子提出的建议。可用点头、微笑、"嗯"等表示听到了。——即使孩子的建议不可行，也写下来，以示对孩子的尊重。家长也可参与"头脑风暴"，目的是为了培养孩子独立思考的能力。如果孩子没有建议，家长也可自己提出建议。这时候，直接告诉孩子应该怎么做的"正面语言"，给孩子有限权力的"选择"，都可以使用。也可以适当地给孩子讲道理，让孩子的思路清晰理智。

6. 选定解决方案。

对于最可行和尊重双方的方式，最好由孩子自己选择。——孩子是当事人，自主选择为后面的执行打下良好的基础。

7. 约定回顾时间。

约定一个时间来回顾，表达感激。——行大于言。前6步都是说，最后还是要落实在行为上。约定的时间不用太长，baby step，让孩子容易看到小进步，巩固执行效果，或者及时调整不当行为。

也可以这样打招呼

 妈妈：黄小琳

 女儿：果果　3岁

果果有个坏习惯——逢人就打。不管认识或不认识，喜欢或不喜欢的，见面第一件事都会给人家一巴掌。这让我感到非常苦恼和无奈。

周五下午，我带果果到小区附近的幼儿园玩，碰巧遇到涛涛妈妈带着涛涛也在小区里玩耍。涛涛很礼貌地和果果打招呼："果果你好！"我刚准备引导果果也礼貌回应时，没想到她非常迅速地伸出脚，往涛涛脚上重重地踩了一下。

我连忙一边安抚受惊吓的涛涛，一边责备果果："你怎么可以这样？赶紧和涛涛说对不起。"站在一旁的涛涛妈妈一个劲儿地安慰我："没事没事……"

在带果果回家的路上，我内心感到自责、无奈和恼怒，于是我独自走在前面。果果在后面一边小跑一边叫妈妈，我都不想理会。我不停地问自己："为什么别人的孩子可以这么乖巧有礼貌？为什么我的孩子却总是这么喜欢打人？为什么？"

在独自思考的过程中，我突然想起了学过的解决问题的"7

个步骤"，决定马上试试。

我回头等跑得气喘吁吁的果果，并蹲下来问她："果果，妈妈想跟你商量件事情，好吗？妈妈保证不生气，也不怪你。"果果一边小喘一边响亮地回答："好！"

我接着问："妈妈想知道，为什么你见了小朋友就想去打他们呢？你能告诉我你的想法吗？"果果有点迷惑地回答："我见到他们很高兴呀，想叫一下他们啊！"

我瞬间愣住了：原来，这是果果打招呼的方式，是孩子见面表达热情的方式。而我，却一直在误解我的孩子。我心里悬了大半个月的石头终于落地了。

我接着问："果果，那你想不想听听那些小朋友和他们妈妈的想法呢？"她饶有兴致地说："想！"我假装皱眉："你打小朋友的时候，那些被你打的小朋友会觉得很疼很难过，他们的妈妈也会觉得很心疼很难过的。"果果看着我，似懂非懂地点点头。

我一把把果果搂到怀里："妈妈知道，你打小朋友的时候，其实你并不是想伤害他们，你只是在用这种方式和他们打招呼，对吗？谢谢你告诉妈妈你的想法。"果果马上露出轻松的笑容。

我接着问："那你觉得有什么办法，既可以和小朋友好好打招呼，又不会让他们觉得疼和难过呢？"果果想都没想，脱口而出："不知道！"

我轻轻地点了一下自己的脑门，做出思考的样子："比如，我们见面的时候抱一下，你觉得怎么样？"果果被我这么一点拨，思路像开了阀门的泉水般涌出来："妈妈，我们还可以亲一下他，还可以摸一下他，还可以牵一下他的手……"

那一刻，我激动得说不出话来，为自己终于理解了孩子，更为孩子自己想到了这么多的好办法深深感动。

从那以后，每次出门远远看到小朋友，我都会轻声提醒："果果，咱们看到小朋友，用什么方式跟他们打招呼好呀？"这时候，果果便会冲过去，给对方一个大大的拥抱。后来，果果再不需要我的提醒了。

和孩子一起解决问题，让我恢复了自信，也让孩子懂得了尊重、友爱和学会自律，这是一件让人多么高兴的事情。感谢"正面管教"给我带来的惊喜！

甄颖

小琳选了个果果很高兴的时候，跟果果提出这件事，"妈妈保证不生气，也不怪你"，让果果能够安心和妈妈交谈。

接下来小琳问果果："你能告诉我你的想法吗？"这个问题，是开启孩子"话匣子"的金钥匙！几乎对所有年龄都适用。如果孩子回答"没想法"，这时说明第一步的时间选得不对，可以告诉孩子：

"你现在不想说没关系，等你准备好了再说。"

通过这个"金钥匙"问题，果果自然而然地说出了原因，原来她打小朋友后面的情绪是：高兴！

虽然小琳没有跟果果说"那些小朋友和妈妈们的想法可能和你的不一样"来做铺垫，但因为平时小琳已经和果果养成了坦诚谈心的习惯，所以这句话就可以省略了。小琳替小朋友和他们的妈妈说出了感受。这时候，小琳还可以坦诚地告诉孩子，自己作为妈妈的感受："当你逢人就给对方一巴掌，让妈妈觉得有些苦恼和尴尬，而妈妈找不到解决方法，又有点无奈。"也就是"我"句式。

替小朋友们说完感受后，小琳拥抱并感谢果果。

接下来，小琳的问题既具体又清楚："那你觉得有什么办法，既可以和小朋友好好打招呼，又不会让他们觉得疼和难过呢？"果果的回答是"不知道"，显然并不是真的不知道，其实是"我还没想"。稍微经过妈妈的启发，果果就"思路像开了阀门的泉水般涌出来"啦。

孩子自己想到了答案，会自然而然地落实在行动上。相信每一次果果用拥抱代替打人时，妈妈的笑就是对孩子最直接的鼓励。

这7个步骤看起来复杂，其实只是一场简单的对话，一次坦诚的沟通。只要家长心里有"尊重孩子、尊重自己"的平等态度，那些保证情绪安全的语句，完全可以换成家长自己的语言。只要练习两三次，就会发现，这样的对话有时只需要一两分钟而已。

到目前为止，"共同解决问题的7个步骤"是上过"正面管教"的家长们，使用最频繁的解决问题的方法。

妈妈和威威的磨合期

 妈妈：虫虫

 儿子：威威　2岁8个月

威威在奶奶家住了4个月，每天都有爷爷奶奶、亲戚朋友陪着哄着，大家一点不敢"怠慢"这个宝贝孙子。4个月后，我辞了工作，把威威接了回来。家里没有老人，没有保姆，只有我们一家三口。威威一下子换了种生活方式，有点不适应。

回来的第二天晚上，我和老公在厨房做饭。威威在厨房门口一直赖着哭，既不自己玩，也不同意帮小忙，就想拽着我，想让我陪他。

我先跟他用启发式提问："你觉得妈妈做饭的时候，你能做些什么，既能打发无聊的时间又能不影响妈妈做饭啊？"他站在门口跺脚："妈妈陪我！我就要妈妈陪我！"我又给他选择："那你是想帮妈妈淘米呢？还是想帮我把筷子放到桌子上呢？"他像没听见一样，继续在门口哭喊："我不要，我不要，我不要你做饭！"

我还不死心，心想："我会这么多'正面管教'的招儿呢，总有一个能搞定你吧？！"于是，我蹲在他面前跟他共情："威威，你是不是觉得既无聊又伤心，是因为妈妈做饭不能陪你玩？你是不是希望妈妈现在干脆不做饭了，一直陪你玩？"他哭着点头。

理解是理解了，但我也不能真不做饭陪他玩吧。我心里又烦又急，但又想着"不行，不能妥协，我得坚持自己的原则"。我用了各种"正面管教"的方法，但不管我提什么解决方法，他都不同意。我感觉很无力，甚至很沮丧，我觉得自己都不了解他了，也不知道还能做些什么，只好任由他在门口一直哭。我急匆匆地做着手里的活，心想快点结束吧，快点结束吧，赶紧做完饭再去安慰他。

直到我们做完饭，他还郁闷地趴在沙发上哭，甚至都不同意来吃晚饭。

之前在奶奶家，绝对不会让他哭这么久。几乎每次都是在他刚有点哭闹的迹象时，就被老人家用看电视呀，吃糖果呀等方式哄过去了。现在我并不想用这些方法。

共同解决问题的7个步骤

吃完饭，威威不但没有缠着妈妈，还很主动地承担了擦桌子的工作，每一寸都擦得干干净净！

我走过去，把他抱起来放在腿上坐下来："我猜你感觉既难过又委屈，还很困惑。因为这次你哭了这么久，妈妈都没有过来陪你，你可能希望像在奶奶家一样，你一哭，妈妈就过来抱着你，安慰你！是吗？"他的哭声小了，很委屈地把头埋在我胸前。

我问他："那你想听听妈妈的感觉吗？"

他不说话，把头埋得更深。于是，我说："等你准备好了，妈妈再告诉你吧。"他还是不说话，也不看我。

等了一会儿，我问："你准备好了吗？"他看了我一眼，又埋下头。我说："这样吧，你要是想听就不说话，要是不想听，就用手捂着妈妈的嘴巴。"

他没有动，我就告诉他了："妈妈的感觉可能跟你不一样，我觉得很无奈，也很无力，是因为不仅威威刚回来需要适应新生活，妈妈也是。妈妈以前上班，而现在辞去工作来照顾你，我也有很多不习惯，需要适应和改变。威威可能觉得，以前在奶奶家可以做的事，现在好多都不能做了，家里的规矩不一样了，是吧？我希望，咱俩能找到合适的方式来共同建立家里的规则。现在想不出来没关系，我相信我们一定能找到的，因为我们是'西天取经组合'啊。"

威威听到这里把眼泪一抹，抬头看着我。我伸出手说："Give me five！（击下掌吧！）"他终于破涕为笑了，开心地和我击掌！然后，我们很开心地去吃饭！

吃完饭，我和威威爸爸在厨房收拾洗碗，威威帮忙擦桌子。威威爸爸悄悄捅我，让我往外看——我看到威威拿着抹布，一点一点很仔细地擦着茶几，每一寸都没放过！擦完桌子，他一直在自己玩，我们得以把厨房的柜子整理清洁了一遍。

清洁完毕之后，我跟他说："妈妈看到你主动擦了茶几，非常认真，每一寸都擦到了。"他很开心，又拿着抹布，更认真地擦小缝隙。

这个晚上过得轻松又愉快！

我相信，有了温柔而坚定的态度，有了我们共同的努力，我和威威的这个磨合期，一定会很快过去的！

甄颖

如果不了解情况，只看虫虫和儿子的对话，很难想象对方是个2岁多的孩子！"正面管教"并不仅仅是养育孩子，它的本质是如何相互尊重地有效沟通。这对所有年龄都合适，只是语言深度随年龄不同而已。

这场对话中，威威的生活方式改变了，离开以前熟悉的"舒适区"，当然第一反应是不喜欢、不舒服，想用各种办法回到习惯的生活方式，回到"舒适区"。而这么小的孩子，天生就会的方法，就是哭闹。

有些家长怕孩子哭闹，家长一怕，孩子就立刻明白了自己的哭闹具有很大威力，能让家长就范——这一点孩子天生就会，孩子天生知道每个家长（不仅仅是爸爸妈妈）的软肋在哪里，孩子天生知道怎么能让家长的"大脑盖子"打开。孩子这样做，不是孩子的错，是因为没有人教他们，或者没有人用合适的方法教他们。事实上，还有更好的方法，可以解决问题。

不怕孩子哭闹，是让孩子少哭闹的心理基础。孩子哭闹时，能够保持冷静，就能处理好孩子哭闹时的情况。孩子就会哭闹得越来越少。毕竟，孩子并不喜欢哭闹，孩子更喜欢得到尊重，更喜欢在健康界限的安全感中，得到自由和权利。

这个故事里，威威明白了，哭闹在妈妈这里不管用。接下来既得到妈妈的充分理解，又听到妈妈用那么坦诚平等的方式对自己敞开心扉，妈妈真的把自己当作好朋友，威威的心里一定充满了舒畅和鼓舞！

到文章截稿的时候，威威回到深圳一个多月了，顺利地度过了幼儿园入学的最初阶段。以前最让奶奶头疼的吃饭难，变成了不但自己吃，而且几乎每顿比妈妈吃得还多，以至于爸爸甚至会说："要不别吃了？"

虫虫现在是一名很优秀的"正面管教"家长讲师，她曾说："一个'正面管教'讲师，首先是个'正面管教'妈妈，自己一定要在生活中实践和使用'正面管教'，才能教好课，才能帮助别的家长。"每一天，都是虫虫将"正面管教"，将"温柔而坚定"逐渐内化在自己心里的过程。

威威能够这样长大，幸运至极。

睡醒看不到妈妈——大哭大闹

 妈妈：王欣

 女儿：小睿　4岁2个月

　　我们和小睿一直没有分床。每天睡前在一起，睡醒也在一起，小睿早上醒来第一眼就能看到妈妈。

　　可这个月情况不一样，双方老人都回老家了，我们第一次过"三人世界"。我需要每天先起床准备早餐和收拾东西。

　　第一天早上，小睿醒来不见我在身边，又气又急，我在厨房都能听到她大哭大闹的声音。我赶紧回睡房跟她解释："妈妈在这里，没有走，妈妈只是在厨房做早餐。"小睿根本不买账，继续大哭大闹。眼看就要迟到，我一着急，便开始失去耐心，不高兴地大声责备道："妈妈不是说了就在厨房做早餐吗？如果不做早餐那你和爸爸吃什么？现在奶奶和外公外婆都不在这里，所以需要妈妈来做……"

　　我的"大声说教和脸色"起了点作用，小睿的哭声慢慢小了，开始起床穿衣服。但一早上我们都不愉快。

　　晚上回家，我忙着做饭和家务，压根忘记跟小睿好好聊聊这事。问题没有得到解决，所以第二天早上情况和前一天差不多，

共同解决问题的7个步骤

甚至愤怒升级，小睿除了哭闹，还不停地踢床板。

出门前，小睿爸爸提醒我："今晚你一定要找个时间跟她好好谈谈。"

晚上，我找了个时机问小睿愿不愿意跟妈妈谈话，她爽快地答应了。

我先是跟她描述这两天早上发生的不愉快："这两天早上你每次醒来都会大哭大闹，甚至还踢床板，非常生气的样子。"小睿说："是呀，我觉得很生气。"

"你生我气的时候，我心里也很难过。因为妈妈希望得到你的理解，妈妈很爱你，并没有离开，我就在厨房做早餐。"

小睿回应："我也好爱你，我好想一醒来就看到妈妈。"

我点头："我知道，妈妈也很想能一直睡在你旁边等你醒来呢。可是如果妈妈也睡觉，你和爸爸也睡觉，奶奶和外公外婆又不在家，没有早餐吃怎么办呢？"

小睿想了想："可以叫爸爸去做呀。"

我点头："爸爸也可以做，只是他每天睡得比我们晚，工作也很辛苦，所以妈妈想让他多睡一会儿。妈妈早上醒了就睡不着了，而且我喜欢给你们做早餐，你不想吃妈妈做的早餐吗？"

小睿笑："想。"

"那你能不能想到既能让妈妈做早餐，又能让你不哭闹的好办法？"

小睿想了一会儿笑眯眯地说："那我醒来就大喊妈妈，或者去厨房找你。"

没想到我俩想到一块去了！我惊喜地说："这个主意太棒了！妈妈也是这么想的。你早上醒来如果看到妈妈不在旁边，就一定在客厅或厨房。如果你想睡就和爸爸继续睡会，不想睡，就过来找妈妈，然后吓我一跳好不好？"小睿高兴地说："好！"

第二天，我有意想试探小睿，早餐做好了也没回睡房。就在我猜测的时候，睡房门开了，小睿光着脚向我飞奔过来，一头扑进我的怀里。

这一刻，我既感动，又温暖。我深深感受到了小睿对自己的依恋和爱，也深深体会到了，在育儿路上，"正面和积极"的养育方法，有多重要。

甄颖

每个妈妈都有既要做家务又要照顾孩子的两难境地。这个时候，是很多妈妈容易爆发的时刻，王欣的情况很多家长都遇到过。

在这个故事里，起到关键转折作用的，是爸爸——小睿爸爸提醒我："今晚你一定要找个时间跟她好好谈谈。"

这个提醒，让妈妈的"大脑盖子"合了起来。爸爸能够做到提醒妈妈王欣，一定和王欣平时在家里的"正面态度"有莫大关系。

王欣和女儿小睿说话时，没有说"想听听妈妈的感觉吗？可能和你的感觉不一样，每个人感觉都不一样，这很正常"，也没有说"谢谢你告诉妈妈你的想法，也谢谢你听妈妈说"。这是因为王欣已经和孩子逐渐形成了"民主交谈"的基础，这些话要表达的意思，早已在母女俩心里了。

正是有了这样的基础，王欣没必要把太多精力花在和孩子共情及表达自己感受上。只是一句"你生我气的时候，我心里也很难过。因为妈妈希望得到你的理解，妈妈很爱你，并没有离开，我就在厨房做早餐"就足够在母女俩之间产生"心连心"的情感连接了。

有了这个连接，王欣一点点地和小睿交谈，帮助小睿看到"整个画面"——醒过来妈妈不在身边，妈妈在厨房，爸爸要休息，妈妈需要做饭；而不仅仅是"部分画面"——"醒过来妈妈不在身边"。

看到了整个画面，加上妈妈奠定好的"连接基础"，小睿自然得出了理智的、可行的解决方法——"那我醒来就大喊妈妈，或者去厨房找你"。

实施起来，毫无困难！

脚丫踢到爸爸脸上

 妈妈：王欣

女儿：小睿　4岁2个月

　　小睿一直和我们一起睡。1.8米的大床，她睡最里边，我睡中间，小睿爸爸睡外面。前段时间的某一天，小睿提出想睡中间，说"要和爸爸妈妈一起睡"。我们同意了，只是提出让她自己重新摆放好枕头和盖被的位置。

　　自从有了小睿，我晚上就没睡过整觉，已经习惯每晚醒来好几次照顾小睿——有时看看她有没有踢被子，肚子有没有露出来，领子有没有汗湿……有时是被她翻身吵醒或脚丫踢醒。小睿爸爸每晚睡得比我们晚，工作比较累，所以我会尽量保证他的睡眠。

　　现在，小睿睡中间，换成小睿爸爸也经常被她翻身吵醒甚至被踢醒。时间久了，我明显感觉到她爸被吵醒后流露出来的不满情绪。虽然我知道睡得正香被人打搅甚至被脚丫踢疼时，会本能地产生负面情绪，但我还是希望他能做到无条件包容自己的女儿。同时心里还有些委屈地想：这两年一直是我毫无怨言地起夜照顾女儿，你这才几天就不高兴了？

　　前几天晚上又是这样，我心里的火一下蹿了上来，就在我想坐起来对他大发脾气、指责抱怨的时候，黑暗中我好像突然被一股什么"力量"拉了回来。后来我才知道,这个力量就是自己慢慢养成的"正面言行"的习惯。

我开始思考:为什么我可以坚持对小睿用"正面管教",对小睿爸爸却做不到呢?

其实这仍是习惯问题,我们成人之间已经惯于用原来的模式进行互动,所以越亲近的人越容易被伤害。于是,我决定对小睿爸爸也试试"正面管教"方法。

经过这番思考,我的内心平静放松了许多,我不再带着负面情绪处理眼前的事情——耐心地哄小睿继续睡觉,边哄还边轻声告诉她:把脚放过来些,不然踢到爸爸会疼。后半夜大家都相安无事。

第二天,我在QQ上跟小睿爸爸聊天,我特意将话题引到这件事情上,想用"正面管教"工具之一"共同解决问题的7个步骤"跟他好好谈谈。

我问他:"你愿不愿意现在跟我聊聊晚上睡觉这事?我保证不生气也不指责你。"他说:"好。"

我接着说:"自从小睿睡咱们中间以后,现在每天晚上你几乎都会被她吵醒,有时是翻身或哭哼,有时是她无意识地把脚丫踢到你脸上,你感觉很疼也很烦躁,对吧?!"

小睿爸爸说:"是啊,那时候我睡得正香,被她踢醒真是吓了一大跳。"

"我明白,如果是我,我可能也会感觉不好。不过,你想知道当我看到你被她吵醒后,你所表现出来的不耐烦态度,甚至还转过身不搭理她时,我的感觉吗?"

小睿爸爸说："想。"

我说："我一方面很心疼女儿，觉得她没有得到你的理解和包容。你是她爸爸，而她还是个孩子，就算半夜踢醒你也是无意识的，我希望你能无条件地包容她和爱她；另一方面，我心里感到委屈和生气，为什么我能做到毫无怨言照顾女儿，而你却做不到？"

小睿爸爸接话："是，这些我也知道，其实我并不是故意对她不耐烦，我只是睡着以后就控制不住自己，算是一种本能反应吧，你知道我的睡觉习惯。"

"我明白，所以我也很矛盾。她现在喜欢睡中间，很享受和'爸爸妈妈一起睡'，你有什么办法既让她睡中间，又不会让你不高兴呢？"

小睿爸爸笑了："你放心，我会提醒自己'这是正常的'，然后尽力控制自己的情绪，如果我忘了，你也提醒我吧。"

我追问："如果你半夜还是会被她不小心踢疼，怎么办？"

小睿爸爸马上答："没关系的，踢到我脸上也没关系。"

听了他这番话，我满心欢喜。后来我问他，喜不喜欢我用这种方式跟他交流和共同解决问题，他爽快地回答："当然喜欢！"

我庆幸自己那晚没有像以前那样"一点就着"，冲他大声指责和埋怨，庆幸自己很快想到了"正面管教"方法其实适用于任何人。

现在，小睿有时睡中间，有时睡旁边，有时半夜还是会不小心把脚踢到我俩身上。可不管她睡哪、怎么睡，小睿爸爸都没有再流露出任何负面情绪，他做得非常好！

我们每个人身上都有自己的"能量和气场"，它们相互传递，互相影响。而我们所做的每一次"正面言行"，都是在给身边的人传递着积极的"正能量"。这些"正能量"，就像一面镜子，我们把它们传递出去的同时，也能使自己获益。

甄颖

"共同解决问题的7个步骤"是个非常好用的工具，能够使问题的当事人在安全和心平气和的环境里，敞开心扉，有效交流。

正如王欣所说，把"正面管教"用在孩子身上容易，因为我们对孩子有天生的、无条件的爱，这个爱让我们心甘情愿改变自己。而我们对伴侣使用"正面管教"，则要稍难一些。因为没有天生的、无条件的爱，我们需要做很多内在的"修炼"，向着无条件爱的方向跋涉。

与伴侣及父母、公婆用"共同解决问题的7个步骤"，最难的是第三步：诚实地说出自己的感觉。规避痛苦、趋利避害，是人的天性。要克服这个天性，把自己的负面情绪，从自己嘴里说出来，几乎相当于主动示弱！

这个故事中，王欣说："我一方面很心疼女儿……另一方面，我心里感到委屈和生气……"看故事的人，会觉得王欣感到"委屈和生气"很自然，这几个字从当事人嘴里说出来，需要很大的内心力量——面对自己负面情绪的力量，说出自己负面情绪的力量。

有了这个力量，即使别人不理解我们，我们也能通过自己的力量，让别人理解。由此，我们就能主动和别人产生心连心的连接。先连接，解决问题就顺畅了。

诚实地说出自己的感觉，表面是示弱。实际上，却是内心有力量的表现。

和婆婆冷战

 妈妈：晓辉

 儿子：皓皓　1岁多

今天上午我学习，婆婆带皓皓出去玩，他们回来时是12点20分了。虽然是正常的午饭时间，但我正学到关键地方，实在不想被打断，真希望能多给我20分钟。

婆婆去洗手间给皓皓洗手，我也正好在洗手间，我随便说了一句："你们怎么不晚点儿回来？"（我真心随口而出的话）没想到婆婆一下就火了，用质问的语气说："你的意思是我们回来早了是吗？十二点多了，这算早还是晚？"

我有点莫名其妙（可能因为上午学习太累了，我有点晕头转向），我对婆婆说："你干吗那么大声，我说什么了吗？"

婆婆更加气不打一处来："你嫌我们回来得早呢！"说实话我当时觉得好冤啊！我很冷漠地说："我现在不想和你吵架，我也不想当着皓皓的面吵架，这样对他不好！"

我沉默，婆婆也不说话了。

我们开始冷战，我不想去道歉，我知道我还没有做好原谅婆婆和原谅自己的准备，于是我选择沉默。其实，我真希望当时一下子就能高兴起来，像小女儿一样亲她、抱她，可那一刻我真的做不到。而且婆婆正在气头上，我说的话她也不一定能听得进去。于是，无边的沉默。

换作以前，我会跟自己说，让事情过去就好了，不要再提。但我心里知道：还会有下一次。

怎么办呢？

不久前，我刚在深圳上了"两代人育儿"主题课，学到了不少和长辈发生冲突时的解决办法。我翻看了一遍教材，明白了这时候可以用"共同解决问题的7个步骤"。

我自己也是"正面管教"讲师，这些工具方法我熟悉，知道该怎么说。可是，对着婆婆，说实话，太别扭了，心里面抵触得很呢！怎么办呢？对！先写下来！

于是我找来一张纸，写下：1. 和长辈共情——我知道你很生气，是因为我说：你们怎么不晚点回来呢？你希望我说一句"妈你辛苦了"。2.使用"我"句式：妈妈，听了你质问我的话，声音还那么大，我觉得很委屈。是因为我根本不记得我当时为什么说那句话，请你原谅我不经过大脑的话。希望以后再遇到类似的小冲突，我们能够一起想办法解决。3. 我还提供了三个选择建议：第一个是以后婆婆咳嗽一声提醒我说错话了；第二个是她不高兴了可以去床上躺一下；第三个是我以后说话前先思考一下。

婆婆正站在窗口，我拿着纸过去，对着她就念："妈，我就今天上午的事情和你说一下哈（当时真的很别扭，但是我坚持）。"婆婆听了，气似乎还没有消。于是我接着说："我知道你很生气，是因为我说：你们怎么不晚点回来呢？你希望我说一句'妈你辛苦了'，对吗？"可婆婆却说："我生气不是因为你说的那句话。我不高兴是因为我急忙赶回来了，怕你嫌皓皓睡午觉时间太晚了。结果就等来你这么一句话！"虽然听起来婆婆在指责我，但我明白她只是在"发泄"，我并不介意。接下来我继续按照纸上写的说："妈妈，听了你质问我的话，声音还那么大，我觉得很委屈。是因为我根本不记得我当时为什么说那句话，请你原谅我不经过大脑的话。希望以后再遇到类似的小冲突，我们能够一起想办法解决。"

婆婆说："那么我天黑再回来吧！"虽然这是句气话，但婆婆的口气完全是在开玩笑了。我笑着用拳头轻轻地捶她的后背，终于，婆婆的神情缓和下来，"战争"结束！

我决定以后再有这样的事情，就用这个办法：先用"正面管教语言"写下来，然后念给婆婆听。

我相信每个婆婆听完媳妇的真诚道歉后，都会原谅像我这样年轻又爱冲动的儿媳妇。

甄颖

晓辉是个山东姑娘，性格朴实乐观。她在课堂上分享的和婆婆的故事，常常让其他家长感叹：她和婆婆拥有少见的亲密关系。

很多学习"正面管教"课程的家长都提到："我知道该怎么对妈妈/爸爸甚至婆婆/公公说话，可是话到了嘴边，却难以开口。"

我们对孩子的爱，方向朝下，我们对孩子有无条件的爱，所以很容易。而我们对配偶的爱，方向平等，敞开自己的心扉，引导对方敞开心扉，会有些难度。我们对父母的爱，方向朝上，敞开自己心扉，和对方建立深层情感连接，会让大部分儿女不太习惯。这很正常。

然而，这种情感连接一旦建立起来，不但是我们的幸福，也是父母的幸福，是我们的长辈一生的幸福。

希望更多的儿女，能够像晓辉这样，即使"真的很别扭，但是我坚持"！

培养孩子自信的
"鼓励"
ENCOURAGEMENT

导读

**本章运用"鼓励"
作为正面管教的主要工具。**

◆ **含义**

鼓励VS赞美：赞美像糖果，可以偶尔使用，但是太多，可能容易令孩子上瘾，容易趋向取悦他人，使孩子对"自我价值"的深刻认识和创造出现偏差。而鼓励，则帮助孩子对自己性格的长处和个人能力得到发展，培养自信，而不是他信。

◆ **关键态度**

事件的"主角"是孩子，而不是家长。

◆ **技巧**

尽量不给孩子贴标签，不拿孩子跟别人比较；

对孩子的行为结果"照镜子"，客观描述孩子值得鼓励的行为和结果；

关注并说出孩子的感觉，而不是大人的感觉；

指出孩子的小进步（即使再糟糕的情况，也有值得称赞的地方）；

也可以在客观描述孩子值得赞赏的行为后，总结为一两个"标签"词。

应对乱弹琴，老师有新招

 老师：梁良

 学生：果果　6岁

我是钢琴老师。果果六岁，是我的学生，他非常古灵精怪。给他上课，我要随时准备和他"斗智斗勇"。

这天又是上课的日子。

上课前几分钟，他还是不听我指挥，弹一些"自创"的旋律，这在我意料之中。我思考过很多次：他到底是自我陶醉，还是在挑战我的底线？这个过程持续的长短，以及整堂课的质量，取决于我这几分钟内的态度，为此我想过不少办法——有时，我直接打断他："我们翻到第43页，今天学一首非常好听的曲子。"我以为我这句话有一定的诱惑力，可结果往往是他像没听见一样，我只好独享"尴尬"。

也试过更严肃的：把他的手从琴上拽下来，可趁我不注意，他的手"噌"的一下又回到琴上，在琴键上搓啊，刮啊。我把他的手再拽下来，他变本加厉；我再拽下来……这种"交锋"，更让我郁闷。

还试过温和一些的方式：课前聊聊他感兴趣的话题，或给他

培养孩子自信的「鼓励」

讲个小笑话……上课确实会顺利些，可聊天时间不好把握，所以不是个保险的办法。

还发过小糖果：不过我知道，学琴不是为了能吃到糖果，这从本质上就不是好方向！

今天我想到了一个新方法：鼓励（而不是赞美）。

果果在钢琴上随手弹了一串音，不是我们设定的课程内容。以往我会制止他，但今天我没有制止他，而是很客观地描述了一下："嗯，我听着这串音有点像排列好的音阶呢。"

他没有反应，我继续说："哦，这次的音阶有几个地方还是半音阶呢！"他怔了一下，扬着眉毛转头问我："老师，是不是有点像《献给爱丽丝》？"

哈哈，新办法奏效了！

我睁大眼睛点点头："中间有几个音是有点像哦，后面那几个音也有点像今天我要教的新曲子！"

"是吗？是哪首？"他开始自己翻书。我把手抱在胸前，很淡定地说："43页！"其实我心里在窃喜——1分钟！1分钟就可以正式进入课程主题！

今天教的"附点音符"，是比较难的节奏。通过我这样一点点客观描述的鼓励，例如："附点节奏前面那个音的长度刚刚好""刚才的4/4拍的重音弹得准确""这个小节的练习，这次比上次流畅的程度提高了"……居然还没到下课时间，果果就完成了所有课程内容！而且我们还一起预习了下次课的内容！

更让我意外的是，下课时果果说："老师，你说附点音符难，我觉得一点也不难呢！"果果妈妈笑眯眯地说："可能是因为今天你比较乖吧！"

我温和地对他说："那是因为你今天学的过程中，比以往集中精力，这是专心的效果！我知道这不容易，但你做到了！"果果眨巴着眼睛，脸上泛起了微笑。

回家的路上，我很有成就感！而且想到果果在接下来的这个礼拜，会期待着下周课程，我的心里特别舒畅。

"正面管教"让我更了解孩子们，也更自信能把握好我的课堂，期待自己成为越来越出色的老师！

甄颖

孩子学钢琴，对孩子、对家长都是挑战。有的学习，从开始就会让孩子兴奋，例如以玩乐为教学基调（而不是教授技能为基调）的早教、律动、骑马、游泳、画画等。

这样的学习孩子觉得好玩，学习的兴趣高，挑战也相对较小。但以教授技能为基调的学习，例如乐器、语言等，最难的部分往往是开始，因为孩子觉得枯燥、乏味、艰难。

当孩子觉得"没意思""太难"的时候，自然会"不想学"，或者偷懒等——这是人的天性，无可厚非。成人也是如此，只不过成人会用理智约束自己的行为。

当孩子畏难、退缩、抵触的时候，如果家长斥责："你怎么这么不用心！"或者说教："学钢琴是为你好。"或者比较："谁谁谁前天就练会了。"或者批评："这点小困难都克服不了吗？"或者威胁："你弹不好就不要睡觉！"或

培养孩子自信的「鼓励」

者贿赂："你弹好了就可以吃冰激凌。"诸如此类，会让孩子的感觉更正面还是更负面呢？

孩子的关注点，是在学钢琴这件事上，还是转移到和家长的权力之争，或者技不如人，或者取悦家长，或者得到奖赏上面了？

当孩子畏难、退缩、抵触时，家长除了可以和孩子共情、体谅、理解、接受孩子的负面情绪，还可以通过"鼓励"来引导孩子，渐渐增强孩子自己的内心力量。

"正面管教"理论创始人之一的德雷克斯在他的著作《孩子：挑战》中说："鼓励表扬，在养育孩子过程中，比任何方面都重要。孩子几乎所有的不当行为的原因，都可以认为是缺乏适当的鼓励表扬。一个行为不当的孩子，是一个没有受到鼓励的孩子。受到鼓励越多的孩子，行为和性格会越来越健康。"

鼓励，不是赞美。赞美像糖果，可以偶尔使用——大部分人喜欢糖果，但是太多会令人上瘾，导致对"自我价值"的深刻认识和创造出现偏差——鼓励帮助孩子对自己性格的长处和个人能力得到发展和信任。

鼓励的基础：是客观，是诚恳，是关注孩子。

例如梁良不是对果果空洞地赞美："哇，你弹得真棒！"而是说："这次的音阶有几个地方还是半音阶呢""刚才的4/4拍的重音弹得准确"等。这样不会让孩子飘飘然，而是渐渐养成就事论事的理智习惯，并且清晰、准确地了解自己的状况。

另外，梁良细心地观察到了果果自己的进步，而没有拿果果和别的孩子比较。她不是说"你这次比谁谁弹得还好呢"，而是说"这个小节的练习，这次比上次流畅的程度提高了"。

对梁良挑战最大的，是"关注孩子的感觉，而不是大人的感觉"。以前，当果果和果果妈妈对某次学习效果格外好而惊讶时，梁良可能会说："这是因为老师这次施了'魔法'！"——这一下子就把孩子值得鼓励的结果，变成了老师的"秀"，不能让孩子对自己增加信心。而现在梁良放下了自己欣慰、愉快、有点小得意的感觉，完全关注果果的感受。她说："那是因为你今天学的过程中，比以往集中精力，这是专心的效果！我知道这不容易，但你做到了！"就是这样，孩子学到了什么是"专心"，也会渐渐学会：即使我觉得很难，但只要我专心练习，我就能做到！

前不久，梁良的学生们开了一场钢琴音乐会。这位还不满三十岁的钢琴老师，在台下看着自己从几岁到十几岁的学生们，发自内心地感到欣慰、愉快！

用鼓励纠正孩子的错误

 妈妈：Grace

 女儿：Connie　3岁10个月

　　表扬会帮助孩子获得积极的自我肯定，以及改善孩子行为。但很多人从来没有想过，过度表扬孩子可能会让孩子变成"讨好者"和"总想寻求他人的认可"。这些孩子长大后可能会养成一种完全依赖别人的观点的自我概念。——引自《正面管教》。

　　对于"表扬与鼓励"，以前我一直没有认真思考它们的区别。在接触"正面管教"之后，我发现不同的表达方式对孩子的影响大不相同。

　　星期四晚上，Connie正在做一道连线题。她做的速度很快，但却因为粗心连错了两条线。我正想批评她"怎么这么着急，这么粗心呢"的时候，突然脑海里浮现出"正面管教"课堂的场景："指出孩子的小进步——即使情况再糟糕，也一定有值得称赞的地方。"

　　于是，我将责备的话咽了回去，指着两条连接正确的线鼓励Connie："你看，这两条线连得很恰当呢。"Connie听了很开心，继续跟我一起检查功课。我停顿了一会儿，然后指着另外两条线，温柔地问："你觉得这两条线呢？"

Connie一看，很快发现了问题，有些不好意思地说："啊！原来这两条线连错了。妈咪，我下次会用心一点。"说完马上就把错误改正过来。

我对Connie微笑："你自己看到了连得不恰当的地方，并且自己改了过来，还能提醒自己'下次用心一点'，真不错！"

换作以前，我会先指出她错误的地方，并用质问的语气。Connie听了，要么会生气地为自己辩解，要么噘起小嘴大哭……结果不仅伤了她的自尊心，并且对孩子的学习来说，虽然错误得到了纠正，却是一种被动的"接收"，而不是主动去思考。

这次的过程，我俩心平气和，没有任何争执和不愉快。我相信，Connie自身也在错误中得到了学习和成长。这是最难能可贵的。

当孩子做得好时，我以前的习惯性赞美是："Connie你太棒了！"现在我明白：长此以往用这种方式来赞美，孩子会因听得太多空泛的赞美，不但不确定自己是否真的做得好，而且还要依赖于别人好的评价，才能建立起自己的信心。

这次，我说出具体的事实进行鼓励，激励Connie进行自我评价和不断完善。而具有指向性的鼓励，也会让Connie相信自己的价值所在。

当我们学会如何鼓励和肯定孩子时，孩子往往会希望自己继续做得更好。

培养孩子自信的「鼓励」

甄颖

我们在课堂上有个活动：先请一位家长蹲在地上，背上贴一张便笺纸，写一个所谓"坏标签"，例如"胆小"，其余的人围着她边走边说"×××是个胆小的人"；然后再请另一位家长蹲在地上，她的便签纸上写一个所谓"好标签"，例如"听话"，大家再围着她边走边说"×××很听话"。

有意思的是，两种情况下，虽然"好标签"家长会产生"高兴、得意、兴奋"等正面感觉，"坏标签"家长会产生"愤怒、失落、难过"等负面感觉，但两者都有强烈的"压抑感"，并且接下来作出的下意识决定也相同：和标签的方向、发展一致的行为——你说我胆小，那我可能真的胆小；你说我听话，那我以后要更听话。

看起来，"更听话"（或者"更聪明""更活泼"等）是积极的发展趋势。然而，"好标签"家长想到另一个问题：假如有一天，忽然没有人称赞你听话了，你会有什么感觉？

失落、迷茫、质疑自己——这是不自信的表现。

正如故事中Grace所说：……还要依赖于别人好的评价，才能建立起自己的信心——这是他信，不是自信。

无论是成绩还是失败，孩子才是主角，家长不是。我们需要放下自己的感受，去体会孩子的感受。通过自己的细心观察，指出孩子值得鼓励和表扬的事实，就是让孩子"做主角"。渐渐地，孩子不但能够在成绩面前保持理智，也能冷静面对失败，培养出真正的自信，踏踏实实做自己人生的"主角"。

从洗头发到清理猫砂

 妈妈：Elly

 女儿：甄小美　5岁

　　"正面管教"的理论创始人之一德雷克斯说过一句发人深省的话：一个行为不端的孩子，是一个缺乏鼓励的孩子——这句话对我的影响很大。

　　以前我经常赞美甄小美。"你真棒！""你好极了！"是我的口头禅。甄小美三四岁时，十分讨厌洗头，为了给她洗头发，我发过脾气，强迫过她，也想了很多办法。其中一个办法是，在她偶尔配合时，我赞美说："你真是××小区最棒的、最擅长洗头发的小孩！"

　　一年多前，甄小美不再讨厌洗头，我也不再想尽办法赞美她。然而，有一次我给她洗头发的时候，她忽然问我："妈妈，我还是小区最棒的洗头发的小孩，对吗？我比××洗得好，对吗？"

　　这两个问题，仿佛当头一棒，让我一下子想起德雷克斯说的另一句话："赞美像糖果，太多会让人上瘾。对发展个人价值的认知，弊大于利。"

培养孩子自信的「鼓励」

幸运的是，这时候我已经开始教"正面管教"，掌握了鼓励而不是赞美的方法。我诚实地对她说："我没有给××洗过头发，我不好说。"

"但你说过我是小区洗头发最好的小孩！我就是比她洗头发好！"甄小美急了。

"以前妈妈说你是小区洗头发最好的小孩，那是因为我想让你配合洗头发，故意夸奖你。其实我并没有调查过所有的小孩。我不应该那样说，那是不准确的话。"

"好吧，妈妈。"当我把实话说出来，甄小美也自然地接受了。我的一位好友妈妈说："孩子信实话。"

"虽然你不一定是小区洗头发最好的小孩，"我接着说，"但你现在洗头发的情况和以前很不一样。"

"怎么不一样？"甄小美眼睛亮了。

"以前只要有一点水流到脸上，你就会大叫，抗拒。你甚至不让我碰你的头发，说很多'No！No！'，有时候也会哭。"我努力思考甄小美现在洗头的细节，"现在，大多数时候你不介意水流到脸上，你学会了'芭蕾舞姿势'洗头，你踮着脚，挺起胸，向后仰头，身体向后弯成一个C形，水就不会流到你的脸上。有的时候你不用'芭蕾舞姿势'，而是用海绵捂在脸上，即使很多水流下来，你也不害怕。还有的时候，你甚至什么都不用，只是闭着眼睛，让妈妈随意用水冲洗。这些办法都会让你洗头的过程比以前顺利，比以前快。"

"我还可以把身体全部躺进洗澡盆里，捏着鼻子，这样头发也全部进入水里！"甄小美也讲得具体而清楚。

甄小美的洗头问题，就这样轻松愉快地解决了。

从那以后，我就在日常生活中有意识地练习用具体而实在的语言鼓励解决问题。比如甄小美和我共同负责清理苏皮的猫砂盆，但她做的时候有点不情愿，草草了事。我没有批评她，而是说："你知道吗，我刚开始清理苏皮的猫砂的时候，也觉得好熏，很难闻，有点恶心。这的确不是件容易的事情，尤其对你这样一个5岁的孩子来说。"

听了我的话，甄小美点点头："那是因为我爱苏皮，她是我的孩子，我应该照顾它。"

我接着说："记得吗，你刚开始清理猫砂，需要妈妈帮忙，或者在旁边给你讲。现在你完全自己做，不再需要我的帮助，而且你还会把垃圾筐放在猫砂房子旁边，这样不会把地面弄脏。"

甄小美说："妈妈，你也熟练，你也不把地面弄脏。"

渐渐地，我看到甄小美很多改变——她会跪在猫砂房旁边，伸着脖子，仔细地把苏皮的粪便舀出来。有时候小颗粒的粪便从猫砂铲的缝中漏下去，她通过一次次练习，发现可用猫砂铲的圆角舀起小颗粒粪便。我把观察到的这些细节，都告诉了甄小美。

到现在，洗头发和清理猫砂，对甄小美来说，是日常生活的一部分，如同空气般正常、自然。

甄颖

《孩子：挑战》一书说："鼓励表扬，在养育孩子过程中，比任何方面都重要。孩子几乎所有的不当行为的原因，都可以认为是缺乏适当的鼓励表扬。一个行为不当的孩子，是一个没有受到鼓励的孩子。受到鼓励越多的孩子，行为和性格会越来越健康。"

我以前从未想过两件事：一是我对甄小美那些华丽的赞美，可能对她不一定有好处；二是即使甄小美有不当行为，我也可以通过鼓励来解决。

现在我能明白：甄小美做得好，那是她的事，她是事情的主角，我不需要通过说"你真棒""妈妈很开心"这类我的感觉和标准取代为事情的主角。我需要：退后，退到孩子的身后。

我只需要关注甄小美的感受，观察她的行为，帮她说出来，让她看到。这就能产生足够动力，渐渐化成甄小美自己的内在力量，让她往前走。

让孩子学会承担后果的

"自然结果"

NATURAL
CONSEQUENCES

导读

**本章运用"自然结果"
作为正面管教的主要工具。**

◆ **含义**

自然结果是指自然发生的情况，没有人为的干涉。

◆ **关键态度**

做到两个"不要"：

不要泼冷水：大人这时很容易给孩子讲道理或责备，会说："我告诉过你了吧！"孩子已经从自然结果中体会到难过、失望、受伤、痛苦等感觉，这样做只能让孩子这些负面感觉更严重，并且会觉得羞辱。同时，这样做会让孩子失去从经历中学习的想法。

不要"救"孩子或替孩子解决问题：对父母来说，要支持孩子而不要"救"孩子或过分保护，替孩子解决问题，这一点非常难做到！但这正是帮助孩子发展"我很有能力"最重要的方式之一。这样孩子就能学会理智面对生活中的起起伏伏。

◆ **技巧**

做到四个"要"：

要事先提醒：态度和善，但不要唠叨；

要给孩子时间、空间和自由：让他们体会自然结果带来的负面感觉；

要给孩子同情和理解：在自然结果发生之后（共情）；

要给孩子爱和信任：我相信你能处理。

穿睡裤出门，尊重孩子的选择

　妈妈：Elly

　女儿：甄小美　4岁2个月

　　我们10分钟后要出门，和甄小美的好朋友培培会合，去游乐场玩。甄小美还穿着睡衣，对"出门"这件事看起来毫不放在心上。她拿了第3本童话《卡梅拉》，让来小住一段时间的姥爷继续给她念童话故事。我插话："我们要出门找培培玩，你先到卧室换衣服吧。"姥爷也说："不念了，姥爷也累了，而且咱们马上要出门，回来再念吧。"

　　甄小美磨磨蹭蹭地过来，我把她抱起来放在床上，脱了睡衣，问她："想自己穿还是妈妈帮忙？"她不回答我，哼哼唧唧的全是不情愿。我又问了一遍，她还是不理我（这时候"给选择"显然不是个明智的做法）。我也有点生气，开始把两件T恤衫套在她身上。甄小美哼唧得更厉害了。虽然她没有哭闹，可是那个抗拒、不情愿的态度，带给我的怒气，一点不比哭闹小！我放下手里的裤子："我在帮你穿衣服，你却是这样的态度。这让我很不高兴。"

　　甄小美也生气了："我不要换衣服，我要念书！我要姥爷给我念书！"

"念书的时间已经结束了，咱们要准备好出门。你不想和培培见面了吗？你不想和培培一起玩吗？"（多么不理智的问题——我给自己"挖了个坑"）

"我不想和培培玩了，我要念书，我不要换衣服！"果然，甄小美直接把我推进了"坑"里。

显然她说的不是心里话，是气话——这时候"正面管教"在我脑子里培养的力量起了作用——"我在干什么？和孩子'战争'？不论我强迫她换好衣服，还是继续念书，我都输了。"我在心里跟自己说。

我缓和了自己的口气，停下给她换衣服，平和地问她："我知道你其实想和培培玩，但你不想换衣服，对吗？"她想都没想，点点头——到底是孩子，多么单纯！多么诚实！

"好吧。那你是愿意换上外裤去找培培，还是不换外裤，穿着睡裤出门？"我深呼吸后，给了一个真正的、由她自己做主的、完全和我的意志无关的选择权。

"睡裤！"其实我知道会是这个答案。

"好！"这时我已经做好了让甄小美承担"自然后果"的心理准备。穿睡裤出门的自然后果是什么？1. 不好看——我们无所谓；2. 会冷，她可能生病——我不怕，甄小美也不怕。

看着甄小美穿着两件T恤衫，一条薄棉睡裤，姥爷不放心："这样不行吧？太薄了。"我建议甄小美到阳台上感受一下温度。她出去了一下，回来要求穿上袜子、戴上围巾。然后自己挑了双皮鞋（我当时多么期望她选的是靴子，但她没有），身上穿的依然是睡裤和两件T恤衫。

我和姥爷穿着保暖衣和棉外套。我悄悄在包里装了一条厚裤子，如果她等一会儿改变主意，还有衣服穿。不然，"自然后果"就会变成"惩罚"，这就走样了。

走到外面，冷风呼呼。甄小美不停深呼吸。我问她："你觉得冷吗？"甄小美把围巾又围了一圈："对，妈咪，我觉得冷，但是没关系，我有围巾。"

我告诉她："妈妈包里还有厚裤子，如果你想穿，就告诉我。"

这个4岁的小女孩说："妈妈，不用，谢谢！"

一路上，我没有再问她"冷不冷"，也没有就"穿衣服"的话题继续。我们聊"和培培见面后要玩什么""午饭吃什么"这些快乐的话题。姥爷时不时不安地看我们，我对姥爷悄悄点头，小声说："爸，你放心。不会有事儿的，我心里有数。"

到了室内游乐场，甄小美和培培疯玩了两个多小时。离开游乐场时，培培妈妈也觉得甄小美穿得太少，拿出培培的多余外套想给她穿。甄小美再次礼貌地拒绝了。

在游乐场玩时，俩孩子都脱了袜子，穿游乐场的袜子。离开时，脱了游乐场的袜子，甄小美说："我不要穿袜子，我要光脚穿鞋。"

我说："好。"甄小美穿着睡裤、两件T恤衫，光着脚，穿着皮鞋出了游乐场。就这样，甄小美穿着两件T恤衫和一条薄薄的棉睡裤，度过了一整天。她非常开心，我非常轻松。而且，她没有生病。我知道她健康，但不知道她这么健康——多大的惊喜！

这次经历，我们没有"战争"。她的小身体更加强壮，也让我对她的信心再次增强——孩子的智慧和力量，完全有能力分析、应对"自然后果"，这更让我的"妈妈心理"再次成长。

另外，我心里也做好准备，即使她生病，也没关系。我们家对"生病"有个有趣的经历，这个经历让我们对"生病"的看法与大部分人不同：几个月前，甄小美学校流行秋季感冒。有天放学回来，甄小美有点发烧。我对一位邻居妈妈提起我的担心，她笑着说："啊，那小美就可以不用上学，和妈妈一起依偎在沙发上看碟了！"我恍然大悟：是啊，生病虽然意味着痛苦难受，但生病还是个可以过慢悠悠生活、和妈妈依偎的好时机呀。多棒！

　　从那以后，家里任何人生病，我们都会有"snuggle time"（依偎时间），大家依偎在沙发上一起看一部电影。

　　另外，从甄小美很小起，我们就树立了一个"孩子生病观念"：不能因为怕孩子生病，而不让孩子经历生活和亲近大自然。生病，不等于"生重病"。生病是对孩子免疫力的最好锻炼。

　　在爸爸妈妈这样的态度下，甄小美从小到现在4岁多，极少生病。上幼儿园第一年时，流行手足口病，甄小美发了一晚烧，第二天早上就完全好了。

甄颖

"自然结果"，可以总结为两个词：闭嘴、放手。这两个行为，最需要的不是技巧，而是态度。

英文用"laid-back"形容这样的态度。

从字面上看，是描述一个人坐在椅子上的姿势：后背踏实地靠在椅背上。而不是：坐在椅子上身体前倾，或者坐在椅子边沿全身紧绷。

只有家长"靠在椅背"上，和孩子之间才能出现空间；这个空间，就是孩子的成长自由；这个自由，再加上信任，就是孩子得到独立、力量、理智的坚实基础。

拥有这样的态度，需要家长对自己点点滴滴的提醒、点点滴滴的练习。不用一开始就对孩子的整个生活放手，而是找到家长自己能够接受的小事情，开始练习让孩子体验"自然结果"。例如，如果你不能接受你的孩子像甄小美那样穿着睡裤出门，不能接受孩子生病，那么不要模仿这个例子。找到你能接受的事情——比如孩子把玩具弄坏——"自然结果"可能是玩具不能再玩了；比如孩子不洗自己的鞋——"自然结果"可能是鞋子很臭；比如孩子不跟好朋友分享——"自然结果"可能是好朋友生气，不跟孩子玩了……找到那些发生了"自然结果"，孩子"受伤、受苦"时，你能够保持理智、平和的事情，开始练习，小踏步前进。

慢慢实践，错误是学习最好的机会。孩子比我们有耐心、更宽容，他们会等待我们学习、成长，然后加倍回报给我们。

宝宝爱喝洗澡水

妈妈：Linda

儿子：宝宝　2岁半

儿子最近开始喝洗澡水。

刚开始只是觉得好玩，在做假动作，阿姨看见了，大呼小叫地不让他喝，结果强化了这个动作，每天都要来那么几下。再后来愈演愈烈，真的拿着玩水的小勺往嘴里灌。

宝爸和我也都阻止过他："洗澡水怎么能喝呢？""洗澡水好脏呀，喝下去会肚子疼！""宝宝脚上的泥都在洗澡水里！"说了很多，除了让宝宝喝得更起劲外，没见任何效果。

阿姨还试过把宝宝的玩水工具全部收走，可是宝宝大哭大闹，拿洗澡水泼她，把阿姨赶出去，还关上浴室的玻璃门。我们隔着玻璃门看到宝宝把头扎在澡盆里喝！

昨天"正面管教"家长辅导课上，一个妈妈提出来她的女儿爱扔东西，像遥控器、手机等什么都扔。我们做了家长帮助家长游戏，这个妈妈最后说，要试试"忽视"这个办法，她女儿再扔手机时，置之不理，让她觉得无聊，不再继续这个"游戏"。我也想到了宝宝。用这个办法也能解决宝宝爱喝洗澡水的问题吗？

我决定试试，同时宝宝也要去承受喝洗澡水的"自然结果"。

晚上，宝宝欢快地跳进澡盆后，我照例拿了玩水工具给他。他舀了一勺水就要往嘴里倒，还一边看着我。我看他一眼，什么也没说，开始用毛巾给他擦洗。于是他真的把水倒进嘴里了。

他可是真的喝！

我要费多大的劲才忍住一个字都不说呀！真是纠结呀！我开始像往常一样胡思乱想，开始担心和郁闷。"正面管教！""坚定，要坚定！"我告诫着自己。

我做到了，忍着没去阻止他。为了不看，我干脆从洗手间出去了。

过了一会儿，我进去洗手。他本来正玩水呢，看到我进去，赶忙找到舀水勺，舀了满满一大勺水，放在嘴边，然后斜着眼挑衅地看着我。

一瞬间，我觉得血都涌到头顶了，这简直是赤裸裸的挑战！如果是以前，我肯定会吼起来，上去夺下他的玩具，再一顿臭骂！

我忍！我告诫着自己，尽量保持面容的平静，洗我的手。他看没挑起来，也不起劲了，把水倒进嘴里，喷了出去。

洗完澡躺在床上，宝宝说肚子疼。

"宝宝肚子疼呀？那滋味可真不好受。"我说。

"嗯！是小精灵在肚子里面跺脚！"宝宝说。这是他看《肚子里的火车站》学到的。

"是吗？小精灵在抗议吗？"我说。差点说"是不是喝洗澡水喝的？"但我也忍着没说。因为"正面管教"里讲，要孩子承受"自然结果"，不能泼冷水，否则只能让孩子的负面感觉更严重，并且会觉得受到羞辱。

过了一会儿，宝宝说："嗯！可能是喝洗澡水喝的！"哈哈，我的宝贝，自己说出来了！

我偷偷忍住笑，想说什么，又担心适得其反，就什么也没说。

今天，阿姨带宝宝去洗澡。过了一会儿，阿姨冲出来向我告状："快去看呀！宝宝又喝洗澡水！是真的喝！"

"别管他！"我说。

想想又觉得不妥，这话让宝宝听到了，可能会让他产生别的想法呢！于是，我走到洗手间门口，先大声对着阿姨说："我们不管宝宝喝洗澡水这件事。他如果想喝就喝，我们不拦着。"

我又走进去，蹲在浴盆旁对宝宝说："我们相信宝宝有能力去判断，能不能喝洗澡水，喝完了小精灵会不会抗议。"宝宝点了点头。

接下来我们都出去了。我偷偷站在门口看了几次，都没发现他喝水！

过了一会儿，我进去看他洗好了没。他见我走进来，不是急忙舀水喝，而是对我说："不能喝洗澡水！"

耶！成功了！

我出来就告诉了阿姨这个好消息。她也信服了，说："看来我们的老观念也要改改了！"

我最早用了"忽视"方法，可是并不够。如果仅仅忽视，可能做到的只是不强化宝宝的某种行为，但做不到完全改正；甚至宝宝可能会因为我们的忽视，而用另一种行为来赢取我们的关注。之前宝宝看到我进来就故意去舀水喝就是这样。

而"自然结果"的好处在于，真正把权力交给孩子，让孩子去体验他的行为带来的结果，这个结果让他不舒服，孩子自然而然不再去犯错。在这个过程中，家长要注意的是：一是提前跟孩子说明可能会有的结果，让孩子学会选择判断；二是当孩子真的承受不舒服的结果时，不能打击孩子，用"看，早就说过你吧"这样的语气，这样只会让孩子赌气或激起他对着干的欲望。

如果能做到以上两点，那就试试"自然结果"吧，孩子学得远比我们想象的快！

甄颖

自然结果，不是忽视，不是不管。自然结果，需要家长有强大的内心力量，保持镇定，并在事后给予孩子理解和同情（而不是说教）。

自然结果，是带着爱放手，让孩子自然、自由地成长。

每位家长都有保护孩子的天性，我们见不得孩子受伤、难受，这比我们自己受伤还让我们难过。从孩子出生那一刻起，我们就在用尽全力保护这个弱小的生命。我们用自己的臂弯给孩子圈出安全的港湾。

然而当孩子越长越大，我们要放手的地方越来越多，我们那曾经牢固的臂弯，需要渐渐松开。

当我们看到孩子摔跤、犯错、受伤时，我们的天性促使我们冲上去保护孩子。可是，我们也要提醒自己：他/她们能自己站起来！当他/她们需要我们的安慰时，我们一定在他/她们身边。当他/她们不需要时，我们要退出，我们要放手。

只有这样，当孩子离开我们那一天，孩子会积累很多安全感，孩子会储备很多能力。他/她们就能带着爱离开，并且踏实地知道：我能够独自面对生活，不论怎样，爸爸妈妈永远在我身后支持我。

橡皮泥不见了

 妈妈：润绮

 女儿：婷婷　4岁1个月

星期六一早，我们准备出门去外婆家。出门前出现这样一幕：婷婷一边喊"妈妈等等我"，一边自己收拾好刚才玩的橡皮泥，她将所有橡皮泥有条不紊地装进盒子里，并将盒子归位，然后还把剪刀等工具放回抽屉。

以往，收拾橡皮泥，都是由我来完成。为什么婷婷会出现这样的改变？

首先，我得先说自己的改变。

这段时间，我坚持每周从东莞坐车去深圳上"正面管教家长课堂"。自上课以来，我的内心变得越来越平和，也越来越强大。我开始慢慢习惯用积极心态和正面语言去面对孩子、家人，还有我自己。特别是课堂上的"角色扮演"环节，帮助我更理解孩子们的真实想法，明白他们的行为动机。

让婷婷学会自己收玩具，是我一直以来希望她养成的好习惯，但培养过程始终不顺利。这次，我希望能用正面语言和积极心态来引导她。

我找了个合适的时间，对婷婷说："你长大了，每次玩完玩具，我想你有能力把它们归位。今天开始，妈妈不再帮你收拾玩具，如果你忘记收拾，妈妈会提醒你。如果因为你没有及时归位，玩具丢了，那你自己承担责任。妈妈相信你能处理好。"

一开始，婷婷并没有把我这番话听进去，她的玩具还是玩到哪扔到哪。最后，虽然我不帮忙收拾，但家里负责清洁的阿姨帮她收拾整齐。过了好几天，婷婷乱扔玩具并没有收到"自然结果"。我有点忐忑，但我想到课堂说的"给时间、空间"，我提醒自己"有耐心"。既没有指责婷婷，也没有说教阿姨。我什么都没说，什么都没做。

有一天下午，婷婷放学回来又要玩橡皮泥。来到平时放橡皮泥的地方，可是没有看到橡皮泥，翻了很久都没找到。婷婷急了，暴躁地大叫："妈妈，橡皮泥找不到了！你帮我找！"

我平静地对她说："妈妈知道你现在很着急，很想玩橡皮泥却找不到。只是妈妈也不知道它们在哪里，你再好好想想吧，我相信你有办法。"

婷婷听了我的话，烦躁情绪减少很多。又继续找了一阵，还是没找到。我一直在旁边静静地看着她。后来，婷婷停下来，想了想，跑去找阿姨。

很快，原委清楚了——婷婷将橡皮泥剪得很碎，并且全部留在桌上就跑开了。阿姨搞卫生时，以为那些橡皮泥婷婷不要了，便将碎橡皮泥一股脑全都扫进了垃圾桶里。然后阿姨忙别的去了，剪刀等工具也忘记了放回以往的位置。

让我没想到的是，婷婷没有如我想象的生气、暴躁、发脾气。她停了一会儿，好像在思考什么。然后她平静地接受了这个现实，对我说："妈妈，橡皮泥少了一大半呀，现在我有点后悔呢。"

从那以后，婷婷不但慢慢了解到"对自己的东西不负责"的"自然结果"，还了解到"对自己的东西负责"的重要性。

第二次再玩橡皮泥，就出现了文章开头的那一幕：婷婷自己从"自然结果"中得到了思考和成长。

婷婷收拾玩具从被动到主动的这个过程，我很轻松，我只是给了婷婷"信任、自由和责任"，婷婷却给了我大大的惊喜。

现在，我的两个孩子虽然还是经常向我"挑战"，我的"动物脑"还是常打开。虽然周围很多人对我坚持上"正面管教"课程存有质疑，但是，我内心很清楚自己上课以后的变化，我能感觉到自身的"正能量"越来越多，并且这些"正能量"正在一点一点渗透到我的生活中，渗透到我的孩子、家人的内心深处。

只要我和孩子们坚持每天前进"一小步"，我们的生活质量就会提高"一大步"，期待从"量变到质变"的那一天。

甄颖

学习"自然结果"时，我常说："自然结果是最容易的方法，也是最难的方法。"

容易，因为它不需要大人介入，对大人来说，是最轻松的方法。

难，因为它需要家长有准确的判断能力、冷静的思考能力。而最难的部分，则在于：家长真正放松（而不是表面放松）的态度，以及信任孩子、信任自己的内心力量。

"自然结果"一旦发生，通常孩子会面临"承担不好后果"的情况，例如受伤、生病、不舒服等。这时，家长自然而然想要保护孩子。保护孩子，是家长的天性。然而，这样的保护，很容易变成"过分保护"，不但不能让孩子更加有能力，还有可能让孩子养成过分依赖、畏难的性格，不利于孩子面对将来人生路上的起起伏伏，弊大于利。

"自然结果"一旦发生，家长需要有足够的冷静，陪孩子一起面对难过、失望、受伤、痛苦等负面情绪，认可孩子的情绪，但不"救"孩子，不替孩子解决问题，而是通过启发、提问等方式，引导孩子自己找到解决方法。

例如文中的妈妈润绮，首先对孩子平心静气地提醒："今天开始，妈妈不再帮你收拾玩具。如果你忘记收拾，妈妈会提醒你。"接下来，将事情交还给事情当事人——孩子，"如果因为你没有及时归位，玩具丢了，那你自己承担责任"。最后表达对孩子的信任——"妈妈相信你能处理好。"

这些"事前准备"做得很充分，为后面打了很牢固的基础。

当"不收拾橡皮泥"的"自然结果"发生后，婷婷感到很烦躁，希望妈妈能像以前一样帮她、救她，绝大部分孩子都会这样，完全正常。而这时，妈妈变了，妈妈没有"救"婷婷，而是跟婷婷共情，并再次表达对婷婷的信任——"妈妈知道你现在很着急，很想玩橡皮泥却找不到。只是妈妈也不知道它们在哪里，你再好好想想吧，我相信你有办法。"

孩子的负面情绪得到了妈妈的认可，得到了释放，自然很快回归理智。得到了妈妈信任的孩子，自然给了妈妈惊喜！

故意尿在地上

 妈妈：姜冰

 儿子：Terrence　4岁

　　自从当了妈妈以后，我很自信自己是最了解自己孩子的人，相信很多母亲也有这种想法。最近发生一些事，我的想法开始改变了，也许孩子更了解妈妈。我的Terrence就是这样，他好像总能找准一个点，用英语中的"press my button"（摁按钮）形容最恰当，他最知道我的软肋在哪儿，他一摁，我的"大脑盖子"立刻打开，失去冷静和理智。

　　昨晚发生了一件事情。

　　当时我正在一旁做自己的事情，儿子在房间里喊我，我一时忙碌没有听见。当喊声已经变成高声尖叫时，我立马冲进房间，他一脸"凶狠"的表情，站在原地开始尿尿，在房间的地面尿出一条弯曲的"小河"。他就像一只"愤怒的小鸟"，我就像那只被砸中的"猪"。干完坏事之后，这只"小鸟"还露出坏笑的表情。

　　怎么办？共情、选择轮、暂停角、抱抱、正面教育的7个步骤，好像都不太适合。我只好对Terrence说："你站在这里！

不许动！I will be back in a minute，only one minute！Don't move！（我马上回来，一分钟！不要动！）"他也有点愣住了，不知道我要干吗，慢吞吞地从嘴里挤出一句"Okay"。

我突然想起 Elly和Linda上课都分享过的"自然结果"的故事，于是，跑到书房，找出上课发的讲义。发生这样的问题，我第一件事是去看讲义！这可完全不是我过往习惯的方式！

我当时心情非常矛盾和复杂！按照以往的处理方式，我俩之间肯定会发生一场暴风雨般的争吵，最后再以我雷霆般的怒吼结束。但对这次的顽劣行为，我却不能批评教育，不能打骂，只能平静地让他体验"自然结果"，而且，我必须还要慈眉善目，否则就变成了惩罚，真是太憋屈了。

我急速冲回房间，让自己平静下来，Terrence大概也不知道我一句话也不说，到底在忙活什么，还呆若木鸡地站在那。

过了一会儿，我回来了。Terrence大概早就等着我劈头盖脸一顿骂，然后他左耳进右耳出，等我骂完他走人了事。

我吞了吞口水，脸上挤出一丝笑容："现在房间里一大摊尿，妈妈觉得好臭好不舒服，你觉得呢？"

Terrence瞪大眼睛，乖乖地回答我："嗯。"

"那你说怎么办？"

"拿拖把拖干净。"Terrence和我之间的默契就在于，每次我问他"怎么办"时，他总能想出一个好办法，此时只要有适当的鼓励，Terrence可以做到自己的事情自己做。

于是，我去卫生间拿了一块抹布，告诉他说："那你来擦吧。就拿这个擦。"Terrence惊讶地看了我几秒钟，也没拒绝，只说了句："那妈咪你和我一起擦。"我说："好吧，我陪着你。"

于是我坐在床边，他趴在地上，开始擦起来。我教他到水池上把抹布反复冲洗，然后我帮他拧干，再来擦。就这样反复了好几次，Terrence也没烦，地终于擦干净了。

他把抹布一扔就说："干净了，妈咪你陪我玩吧！"我一字一句地说："还有尿湿的裤子，怎么办？"

Terrence说："我自己去换。"

"然后尿湿的裤子呢？"

Terrence立即像上次洗全家人的鞋一般来了精神："我自己洗！"接下来他开心地、卖力地洗了内裤、外裤，晾好。终于忙活完了，他如释重负地说："可以陪我玩了吧？"

体验"自然结果"，"Keep your mouth shut and hands off（闭上嘴，拿开手）"，真的很难，总有一种孩子犯了错，却轻易放过他的感觉。但他这么开心地干活，完全没有情绪，真是让我又惊又喜。

甄颖

以我对姜冰的了解，当Terrence故意尿在地板上时，要是以前，她一定会发飙。

我也能想象到，这次姜冰没有发飙，而是第一时间去翻课堂教材时的可爱情景，更能想象到Terrence目瞪口呆、一脸茫然站在原地的有趣画面。他的小脑袋里一定在想："今天妈咪怎么了？她怎么没有冲我大喊？我都准备好说什么了，可她怎么没有发脾气呢？"

地板脏了，要擦；裤子脏了，要洗。就是这样简单的自然逻辑。这个自然逻辑，却常常因为家长失去理智，而失去了让孩子学习的机会。

我们要时常保持警醒，当我们发现自己一而再，再而三对着孩子重复同样的话，而效果甚微时，就是我们该闭嘴、让孩子自己思考的时候。这时候，什么都不说比继续说更好。当我们发现自己一而再，再而三对孩子重复同样的行为，而效果甚微时，就是我们该放手，让孩子自己经历的时候。这时候，什么都不做，比继续做更好。

闭嘴、放手，不是不管。

如果是不管，姜冰就不会耐心地一个问题接一个问题启发Terrence，也不会帮他拧干抹布……放手，是退到后面，让孩子做主角，就像姜冰这样。

甄小美吃猫粮

妈妈：Elly

女儿：甄小美　4岁半

上周，我给我们的小猫苏皮买了袋鱼条。4岁半的甄小美可以用手拿细细长长的鱼条，直接喂苏皮，她非常喜欢这样。我们称这个"鱼条"为"苏皮的美食"。

甄小美第二次喂苏皮的时候问我："妈妈，我可以吃这个猫粮吗？"我差点脱口而出"当然不行！"但我忍住了，说："你想吃苏皮的粮食啊？"她点点头。

"你知道这是猫的粮食，对吗？"

她又点点头说："但是闻起来有鱼味！我想尝尝！"

"好吧，如果你真的想吃，"我快速思考，决定让她自己接受"自然结果"，我甚至不知道这个"自然结果"会是什么。她以后爱上吃猫粮？她不喜欢或许不再吃？她在自己的饭里掺点猫粮？我不知道，同时我也明白：我不需要知道，因为这是"自然结果"，而我，不是"自然"。于是我说："那你就吃吧。"

"至少我知道她吃猫粮不会有生命危险。"我在心里告诉自己，"看看'自然'结果让我俩学到什么吧。"

　　她掰下一点点放进嘴里，"呀！好难吃啊！"她边说边干呕起来。

　　我正想说话，她从刚才的干呕变成了真呕，一大口棕色液体从她嘴巴里吐了出来！我们刚刚吃过晚饭，她吃了一大碗鸡汤和两个墨西哥玉米饼。

　　虽然甄小美在呕吐，但我并不惊慌。我看到她吐出来的液体只是还没有消化的鸡汤，这说明她并没有生病，这只是她的身体对刺激味道的本能反应而已。

　　我把她带到洗手间："如果你还想吐，就在这待一会儿，你知道怎么做。一切正常，你没有生病。妈妈去给你拿些水。"然后我离开。

　　倒水的时候，我听到她又吐了三次。当我走到卫生间时，她已经吐完了，正在撕卫生纸。甄小美很镇静、很仔细地只撕下一片卫生纸，擦擦嘴，擦擦鼻子，接过我手中的水，漱漱口，把剩下的喝掉。结束。

　　"我不会再吃猫粮了，不好吃，苏皮可以吃。"甄小美边说边走出卫生间，"咱们来喂苏皮吧！"

甄颖

　　现在我的女儿甄小美5岁半了，我对她的"管教"越来越少。我只是在日常吃喝拉撒睡方面照顾她，心理、思想，我俩的状态是"平等地一同生活"。

　　和两年前相比，我对孩子最大的心理变化

是：我不需要将我的人生智慧教给她，因为我未必比她有智慧。她的智慧，只能从她自己的生活经历和主动思考中获得。自然才最充满智慧。

有了这样的心理变化，当她提出要吃猫粮时（还有穿着我的高跟鞋转圈、冬天光脚跳进水池里玩水等），我能够忍住，不给她讲道理。因为我自己也不知道吃猫粮的后果是什么，所以我也没有提醒。穿高跟鞋转圈，我会提醒"可能会摔倒"；冬天光脚跳进水池里，我会提醒"水很凉，可能会生病"……但我也常常加一句"也可能不会"，最后总是说"你决定吧"。

当甄小美吃了猫粮呕吐时，我记住了两个不要："不要泼冷水"和"不要救孩子"。所以没有说"看，我都告诉过你了！"也没有过分保护。

接下来的事情很简单，我真心把我的孩子看成一个独立的、有能力的人，给予她恰当的帮助。

事实上，整个过程中，我的脑子里一直在"快速思考"，我回想起我在"正面管教家长课堂"说的话："让她去接受'自然结果'和生活经历，但不要给她造成对未来的恐惧。不要给孩子增加恐惧。放松，不要干涉她的生活，顺应她的自然。"我想了很多，但嘴上什么都没说。"自然结果"，家长要讲的话很少。

"自然结果"不是不管，而是放手。这个放手的前提，是从心里给予孩子爱，给予孩子信任。

附录

孩子天生就会

正面管教
POSITIVE DISCIPLINE

导读

◆正面管教，不是让家长永远不发脾气，不是让孩子永远高兴。正面管教，是教家长和孩子理解：我们都不用害怕发脾气，我们不但有办法疏导自己的脾气，还有方法面对自己和别人的脾气。正面管教，能让孩子明白：父母发脾气也不会对他/她真正造成伤害。他/她不但不用怕，还有能力、有智慧接纳父母发脾气，最后，他/她还能用自己的力量安慰父母。

我在"正面管教家长课堂"常说的一句话是："孩子们不需要学习正面管教，他们天生就会。因为正面管教符合孩子们善良的天性。"而课堂上，爸爸妈妈们分享最多的，就是孩子们带来的"惊喜"——孩子的智慧，孩子的力量。

孩子是天生的完美正面管教，他们的言行，无须我作任何点评。

我的"正面管教小老师"

 妈妈：Grace

 女儿：Connie　4岁

早上一醒来，我便觉得有点头疼，并带有轻微的咳嗽。爸爸送Connie去学校后，我晕晕沉沉地又睡着了。一觉醒来，发现已近十二点了，以往我已经在路上了（从香港到深圳需两个小时左右）。到底去不去上课呢？稍稍犹豫之后，我还是决定：去。

我来不及吃饭，只在过海关前买了个面包。赶到时，虽然晚了几分钟，但好在课堂还没开始。轻松愉快地上完课后，我又支撑着参加了分享会，然后一路晕乎着，直到将近晚上九点才回到家。

到了家我自己吃饭，Connie来凑热闹，我夹了一口菜给她，谁知她没接住掉在了她脚上。不知怎么的，我一下子爆发了，朝她大声吼道："你怎么搞的？想吃又不好好吃！"

Connie没吭声（她现在的"抗压能力"强多了，以前只要我一说她，她马上噘嘴或哭泣），她接过爸爸递过的纸巾，擦干净了脚上的菜。我意识到自己有点"小题大做"，马上对Connie说："Sorry，你知道妈妈今天有点不太舒服，心情会有点烦躁，所以忍不住大声说你了，你的感觉是不是很不好？"

没想到Connie听完后说："妈咪，来，让我抱抱你吧！（我赶紧蹲下来和她拥抱一下）其实你大声说我没有关系，最主要的是，你要尽快冷静下来。你发脾气做错事也不要紧，最重要的是，你要从错误中学到一些东西，下次能够改正错误……"爸爸和我在一旁听得目瞪口呆。

爸爸大笑："你看，Connie都可以去做'正面管教'的小老师了，今天她就给我上了一课。"我忙点头称是："其实，也给我上了一课。"此时我突然觉得头都不疼了。"谢谢你，宝贝！"我情不自禁地亲吻着Connie，并再次用力地拥抱了她。

我相信，Connie的学以致用，会为她以后的自律、自信逐步奠定良好的基础。最关键的是，她在我偏离"正面管教"时，非常及时地"拉"了我一把，让我通过自省来更好地改善自己。

这种相互的"正面影响"，不正是成人与孩子共同成长的最好见证吗？

Coco的"正面管教周记"

妈妈：李艺

女儿：Coco　3岁

第一周

　　Coco还是和往常一样和爸爸玩不了几分钟就开始找爸爸的麻烦，我走过去第一时间抱着她，安慰她，但是不起作用，她眼睛一直盯着爸爸继续闹，我意识到是抱的主体不对，马上让爸爸抱Coco，很神奇，Coco的情绪立马平和了许多！……洗完澡，Coco虽然困了，但还是要求去找爸爸玩，我把裹着毛巾的Coco放进了她爸爸的怀里，拉老公的手去抚摸Coco的手臂，几分钟后两个人很开心地拉着手去画画了。当天晚上，Coco的心情极好！

　　现在，Coco和爸爸的关系改善了，之前有半年时间都对爸爸有非常大的意见。

第二周

　　1. 我给自己设立了一个积极暂停角，位置是我的卫生间。名字叫"青城山"。

2. 我对以前打她的行为向她做了正式的道歉，她虽然还不相信我从此以后就"改邪归正"，但是原谅了我过去的行为。

第三周

1. 我和孩子共情后，Coco处理问题更理智了。比如她有个小朋友对她不太友好，她的决定是：我可以和那个女孩当朋友，但不是好朋友。

2. 改用询问的方式来问：家里以后可不可以她说了算？方式更温和了。以前会说："等我长大了，我的家都我说了算，不让你住！"

第四周

1. Coco建立了积极暂停角，地点是她的房间，名字叫"光明农场"。

2. "暗号"用在玩的时候也很好（打羽毛球是表示开始的暗号）。还有，她的奶嘴一直有暗号，代表武器——妙妙工具。

3. Coco一直拥有选择的权利和部分自由。以前曾经太自由了，听了其他妈妈的建议，不再让孩子过分自由。

4. 和爸爸一起做"选择轮"，解决Coco和爸爸之间的矛盾。现在爸爸在Coco心目中的地位上升到第三位了！

第五周

1. 开始运动。改变孩子先从改变自己开始，每天和Coco运动或者和老公一起运动。（坚持得很好！）

2. Coco和爸爸的关系很好了，做什么事情都会说："我想和爸爸……"

3. 使用了一次"选择轮"，效果很好，并且自己又想了新的选择项目。

4. 爸爸和Coco每天晚上一起画画，学习了阿曼的方法，让爸爸当学生，Coco教画画，效果很好。但有一个问题：Coco的爸爸在玩的过程中总是会抬杠。比如：哈哈，你的笔掉在地上了吧；不行……我画得更好。这时Coco会平和地说："你不可以这样取笑我，我会生气的。"以前Coco可是会哭闹和发脾气！

5. 现在Coco还会语气非常平和地说："爸爸你小时候你的父母就是这样对你的吗？所以你现在就这样对我。不知道怎么跟我好好说话？"

爸爸并没有改变，但Coco选择了不再让自己生气、受伤。

第六周

1. 我现在很照顾朋友的感受，我自己的看法和感受会选择性地说出来，以前是不吐不快。我已经把自己照顾得很好了，可以把"自我"拉回来一点，照顾老公、朋友和其他人的感受。

2. 以前共情方面做得很不够，这几天都在补这个课。以前我总是安慰Coco："没事，没事。"我自己觉得没事，可孩子不这样认为。

我这样处理，是没有认同她的情绪。她甚至认为我不认可她，不爱她。她有一个心结，所以会常说"我不爱你"，是因为每当这种时候，她就觉得妈妈是不爱她的，这时，她就会没有安全感，说"我不爱你"只是为了保护她自己不受伤害。

7月8日

　　家里现在开始实施"特殊时光"。

　　最大的变化，是爸爸开始说爱Coco。因为Coco告诉爸爸："你不说出来，我怎么会知道呢？"我们完善了家里的流程。每天早上、中午、下午、晚上（周末）、早晚（平时），我和爸爸都要专门抱抱Coco，说"我爱你"。以前只有我和爸爸之间有"特殊时光"，以后我们和Coco也会有"特殊时光"。

7月15日

　　在孩子面前做到"松开手""闭上嘴"绝对是一件超级难得的事情。Coco只是在画画而已，家里人都做不到只在旁边静静地看，静静地听。

　　每个人小时候是怎样被养大的，是一件无法隐藏的事情，因为这些东西深刻地影响着我们今天的行为。如果不想让自己在成长中受到的负面影响发生在孩子身上，那就要从自己开始改善，开始学习。让这个"不良养育习惯模式"的循环，从自己这里断开，开始新的良性循环。

女儿让我泪崩

 妈妈：Elly

 女儿：甄小美　5岁

几周前，我在微博上看到一位台湾的教师请学生写下他们所不喜欢的这位老师的行为，让我深有触动。于是回家后，我也拿来一张纸，跟甄小美做同样的事情：请甄小美说一说她最不喜欢妈妈做什么，打算逐一写下来。

刚开始甄小美有点兴趣，说："不喜欢妈妈大声。"我写了下来，心想这个我做得不多呀。好吧，还能再改善。接着她又说："不喜欢妈妈只让我周末看电视。"我的眉头开始皱了起来。甄小美好像感觉到了，又说："不喜欢妈妈限制吃冰激凌。"我有点不知道该怎么继续，更不知道该怎么改了。甄小美也失去了兴趣，开始在我写字的纸上胡写乱画。我这天工作非常劳累，而且身体也不适，心情一下子烦躁起来——实际上，这与甄小美无关。

我压制着烦躁，又跟甄小美说了几遍，请她把注意力集中到我们说的事情上，但她爱搭不理地看看纸，既不想也不说，又拿了另一支水彩笔，在我写好的字上涂抹。我终于爆发了，当

场对甄小美发火，大声吼叫："你不要在我的纸上画！那是我的纸！你要画，找你自己的纸！"甄小美既害怕又委屈地看着我，张嘴想说话，刚开口说："妈咪……"我粗暴地打断她："我现在不想跟你说话！"甄小美闭上嘴沉默。

我意识到：自己已经失去理智，不应该再和孩子在一起。用尽最后的理智冷硬地说："我现在很烦躁，不想说话。我去卧室待一会儿，会好一点。你先别跟我说话。"然后进了卧室。甄小美跟着过来，我急躁地大声说："说了我现在不想跟你说话！你先出去！"她瘪瘪嘴，出去了，好像要哭出来的样子。

我半躺半靠在床上，拿了本书，竭力想让自己"积极暂停"，心里想着："我知道这不是她的错，现在我需要让自己冷静，让自己的'大脑盖子'合起来。"可是我心理和身体都太疲乏了，仿佛难以控制地想要大喊，想要摔东西，想要发脾气，心里又在担心刚才是不是给女儿造成了伤害，不知道她在客厅做什么。

我一边努力跟自己斗争，一边听见客厅传来"唰唰"的声音，听得出来甄小美在外头画画。

过了两分钟，甄小美安静地、平稳地走进卧室，手里举着一幅画。甄小美走到床前，举起画到我面前——画上是一个大大的桃心，中间点了很多彩色的点，桃心两边各有一朵彩色的花，上面一个金色的大太阳，桃心的中间用红笔写着：MOM！

我当场泪崩！内疚、愧歉、感动、自豪！

我的女儿才5岁，在自己受了那么大委屈的情况下，不但没有哭闹、对抗、报复，反而用那么充满爱的方式对待那个充满烦躁的妈妈！这是很多大人都做不到的。

我一把把甄小美搂过来，满脸眼泪地请她原谅："妈咪为刚才的行为道歉，我伤害了你的感情，请你原谅妈妈好吗？"甄小美这才"哇"的一声哭了出来！我们母女俩就这样，搂在一起哭成一团。

委屈和各种负面情绪都哭了出来以后，我俩渐渐平静下来，我拿过手机给那张画拍照。甄小美也拿过手机，给我俩拍照，做各种搞怪鬼脸。我俩又恢复了甜蜜和快乐！

妈妈，你需要拥抱吗？

 妈妈：Elly

女儿：甄小美　5岁

　　甄小美长到5岁，不知道和爸爸妈妈拥抱了多少次。"Hug"是她最早学会的英文单词。

　　拥抱，经常是我们的"第一行为"。

　　当她摔倒磕到碰到大哭，我不会责备物体、地面，也不会说"不疼不疼"，而是蹲下来跟她说："哦，你摔倒了，很疼。那妈妈抱抱。好吗？"抱着她轻轻抚摸她，她的哭声稍微缓解一些，我会问她："刚才伤到哪里了？这里还是这里？"她指给我看，我再问她："要不要妈妈给你healing kiss（治愈之吻）？"——这是我们共同"研发"出的：先对着磕疼的地方吹三口气，然后哈一大口热热的气，最后大大地亲吻一下！

　　当她和小朋友闹了别扭，受了欺负，大哭或生气，我不会责备她或者对方孩子，也不会立刻追究发生了什么事。我还是先抱她，听她抱怨、指责、发怒。只是简单地重复她的话。通常，当她在我的怀里说完，事情也就结束了。她跳出我的怀抱，继续和小朋友玩耍。

早上她醒过来，第一句总是：Mommy snuggle（妈咪，搂）。我搂着她躺几分钟再起床。

上个月有一天晚上，爸爸出差，只有我和甄小美在家。我们吃完晚饭，我要洗碗、收拾桌子、清理仓鼠的笼子、扫地、拖地、晾衣服、洗床单等，甄小美喂了猫、扔了垃圾，没事儿干。她把用双面胶粘在电视机上的四只老鼠小玩偶使劲拽下来玩——这不是普通的玩偶，是奶奶送的圣诞节礼物：四只小老鼠分别是老鼠爸爸、老鼠妈妈、老鼠姐姐和一只推车里的老鼠弟弟，非常精致、传神。圣诞节后，甄小美把这组玩具送给了我。我发自内心地喜欢，很仔细地把它们粘在电视机窄窄的边沿上。

甄小美没有告诉我，把玩偶拽下来玩。玩了一会儿，扔在了地毯上。我忙前忙后地还没有收拾完，就看到了地毯上的老鼠玩偶。我问甄小美："是不是你把它们拽下来了？"

甄小美没说话，但一脸不屑。

我深吸一口气，不想跟她吵。试图把玩偶重新粘回去，刚把四只老鼠使劲按在双面胶上，一转身，老鼠妈妈"啪"地掉了下来，而且掉进了电视机后面——电视柜和墙的夹缝里！

电视柜很重，后面一团各种线，一只柜子腿脱离了柜身，柜子只是放在柜腿上。我费尽力气，抬着一边柜子，挪开较大一条缝，用笤帚把"老鼠妈妈"扫出来，又费尽力气把柜子抬回去，同时艰难地用脚把柜腿一点点塞进柜身下面。

我憋了一肚子气，但什么都没说。甄小美在旁边看着，也感受到了。

刚放好，我进厨房，又听见"啪"的一声，"老鼠妈妈"又掉进了电视柜后面！

我爆发了，把手里的抹布扔在桌子上，对着甄小美大吼：

"都是因为你把它拽下来。你看！现在粘不住了！你知道这四个玩具不能玩，为什么你不听！"甄小美抿着嘴，没说话。

万幸，我心里有"正面管教"的力量。我没有继续爆发，而是用最后一丝理智说："我现在觉得非常生气，我要去卧室一个人冷静一会儿！"

甄小美已经知道，妈妈生气的时候，会去卧室，几分钟后就好了。

我在床上半躺着，火气难以抑制，我试图缓慢地深呼吸，脑子里对自己说："先冷静下来……"还没想完，甄小美推开门走进来，目光平和而温暖，问我："妈咪，你需要一个拥抱吗？"

我一时不知道该说什么。甄小美又问："还是你需要搂一会儿？"

我点点头："搂一会儿。"

她爬上床，躺下来，把头枕在我的肩膀上，像妈妈拍小宝宝那样，轻轻地拍我，一边柔和地说："It's OK！妈咪，你需要让自己平静下来。一切都会好起来的，一切都会好起来。"

我的怒气消失殆尽。

几分钟后，我们互相微笑。我抱着她起来："谢谢你，谢谢你给予妈妈冷静和力量。我现在完全好了，走吧，我们该刷牙了，玩偶的事情，明天再说！"

"西天取经组合"

妈妈：虫虫

儿子：威威　2岁8个月

　　威威在奶奶家住了四个多月，直到今年过年时，我辞去银行的工作之后，才把威威接回深圳。从职场到全职妈妈，再加上和孩子分开了这么长时间，我们两个都需要时间适应，于是在既忐忑又期待的心情中，开始了我俩的新生活。

　　回到深圳的第二天早上，我跟威威说："从今天开始咱俩就是一个战壕里的战友了，要共同面对生活中的所有问题，你需要我的帮助，我也需要你的帮助。咱俩组个团队吧，共同合作，teamwork。你愿意吗？"威威很认真地思考后说："行啊！"然后我说："那咱俩给我们的团队起个名字吧！"于是，一起"头脑风暴"想名字，最后，我们的团队叫"西天取经组合"，哈哈！

　　上午，我告诉威威："家里断粮了，我们一起列个清单去超市采购吧！"于是又拿纸拿笔开始写清单，名字叫"西天取经组合采购清单"——我们团队的第一项共同任务。看到可以和妈妈共同安排事情，威威配合很积极，自己想了好多家里要买的东西，我们一一列到了清单上。

爸爸说中午要回家，于是我俩在路边等爸爸。等啊等，还不见人。威威隔一会儿问一次："怎么还没有看到爸爸呢？"我也纳闷，于是打电话催。一听，爸爸居然还没出发呢，我的"大脑盖子"直接打开了，电话里冲着老公一顿嚷："啊？你居然还没出发？你不是早就说要走了么？！我们都等很久很久啦！"

挂了电话，我还是一肚子气。扭头看到威威在一旁很温柔地看着我，淡定地拍拍我的肩膀："别担心哈，抱抱吧！"我一下子就被逗乐了！

然后他张开小小的双臂，温柔而用力地抱了我一下，我的心一下子就被安慰到了！我的孩子已经学会用拥抱的方式，帮助妈妈把"大脑盖子"合起来，真让人意外！

汤普森心理童话药书

（心理大师光盘版）

定价：90元

作者：琳达·汤普森

译者：周常／祝卓宏

心理师录音：祝卓宏

内 容 简 介

本套装包括两本图书和一张故事录音CD。

图书：69个故事，每个都有趣味盎然的整版插图，由美国插图大师精心绘制，媲美大奖绘本。书本采用雪面双胶纸精细印刷，完美再现原作；纸面光洁柔软，举阅轻松，非常适合睡前亲子阅读。

录音CD：青少年心理学家祝卓宏教授，拥有"世界上最受信赖"的声音，他温和、富有磁性的声音与催眠、暗示等心理学技术完美结合，使《汤普森心理童话药书》发挥更显著的效用。

不想去幼儿园、晚上不睡觉、躺在地上打滚、口吃、尿床、表演紧张……家长讲道理、斥责甚至打骂，都是治标不治本的权宜之计，只有引导儿童自己内心的改变才能真正解决问题。这是一套由儿童心理学大师琳达·汤普森积累35年经验并经数以千计的孩子验证的"儿童心理童话药书"。讲一个故事，引导儿童的心理变化，就此解决困扰家长的难题。它为数以千计的孩子顺利解决了心理和生理问题，是家长、幼师、儿童心理医生梦寐以求的心理圣经。

汤普森心理童话可以帮助解决：

心理小问题：忍耐疼痛、配合医生检查、比赛紧张、表演焦虑、害怕新环境、入睡困难、不敢独自睡觉；恐高、幽闭恐惧、怕黑、怕雷雨闪电、怕看牙医、怕打针、怕体检、无端紧张害怕、过度害羞；灾难后心灵创伤。

习惯性障碍：吮手指、啃手指甲、老揪头发、磨牙、尿床、口吃、大便失禁、习惯性咳嗽、挠皮肤、习惯性呕吐、离不开纸尿布、功能性腹痛。

性格及认知：坏脾气、总是埋怨自己、忧郁、忧心忡忡；学习欣赏自己的特点和优点、受欺负怎么办、在单亲及其他特殊家庭长大的孩子性格的培养、被宠坏了干什么都不开心怎么办、认识死亡。

对病症进行心理辅助治疗：强迫症、多动症、抽动症、哮喘、肠易激综合征、癫痫。

作者简介

琳达·汤普森博士（Dr. Linda Thomson）：畅销书作家、世界领先的儿童心理学家，美国医学催眠学会主席、国际催眠学会会员。她洞悉儿童的心理秘密，将其视为让孩子受益一生的礼物，为数以千计的孩子顺利解决了心理和生理问题。她将35年的工作经验都融入了这些心理童话中。这些童话都发生在孩子们喜闻乐见的亚什兰动物园里。汤普森还为手术患者录制了心理故事，供他们在术前、术中和术后倾听。她关怀的声音有效缓解了患者的紧张情绪，并加速了他们的术后康复。让每个人都从心理催眠中受益，是她一生的事业目标。

祝卓宏：中科院心理研究所副研究员、中国国家机关职工心理咨询中心主任、中国心理卫生协会心理治疗与心理咨询专业委员会委员、中国人力资源和社会保障部心理咨询师资格认证考核组专家。